SHUJU QUDONG DE WULIU XUANZHI
YU DIAODU MOXING JIQI SHIJIAN

数据驱动的物流选址与调度模型及其实践

木仁　徐志强　著

中国财经出版传媒集团
经济科学出版社
Economic Science Press

图书在版编目（CIP）数据

数据驱动的物流选址与调度模型及其实践/木仁，徐志强著．--北京：经济科学出版社，2023.8

ISBN 978 - 7 - 5218 - 5059 - 8

Ⅰ.①数… Ⅱ.①木…②徐… Ⅲ.①物流配送中心 - 选址 - 研究②物流配送中心 - 物资调度 - 研究 Ⅳ.①F252.24

中国国家版本馆 CIP 数据核字（2023）第 161216 号

责任编辑：孙怡虹　刘　博
责任校对：王肖楠
责任印制：张佳裕

数据驱动的物流选址与调度模型及其实践

木　仁　徐志强　著

经济科学出版社出版、发行　新华书店经销

社址：北京市海淀区阜成路甲 28 号　邮编：100142

总编部电话：010 - 88191217　发行部电话：010 - 88191522

网址：www. esp. com. cn

电子邮箱：esp@ esp. com. cn

天猫网店：经济科学出版社旗舰店

网址：http：//jjkxcbs. tmall. com

北京季蜂印刷有限公司印装

710×1000　16 开　13 印张　267000 字

2023 年 8 月第 1 版　2023 年 8 月第 1 次印刷

ISBN 978 - 7 - 5218 - 5059 - 8　定价：68.00 元

（图书出现印装问题，本社负责调换。电话：010 - 88191545）

（版权所有　侵权必究　打击盗版　举报热线：010 - 88191661

QQ：2242791300　营销中心电话：010 - 88191537

电子邮箱：dbts@ esp. com. cn）

物流选址与调度问题一直以来都是学者和管理者普遍关注的热点问题。特别是随着物联网技术、无人驾驶技术与机器学习技术的不断推进，人们对于选址与调度的效率关注度进一步增加。与此同时，全球化进程的进一步推进及我国网络购物比率的快速增加，对众多企业选址与调度的科学性提出了新的挑战。此外，国内多家电商平台短时期内的大规模促销活动再次对选址与调度的时效性提出了新的挑战。

历经多年的研究，学者们通过不同的视角提出了适合不同应用场景的选址与调度模型。在这些模型中不仅包括小规模背景下的精确求解模型，同时也包括大规模和非线性背景下的近似与启发式求解方法。考虑到激烈的市场竞争与用户对时效性和廉价性的更高要求，同时满足求解速度较快且求解精度较高的模型与算法成为学者和管理者共同追求的目标。

精确的物流选址与调度模型大部分为混合整数规划模型，求解速度普遍较慢。然而，随着计算机计算速度的快速提高，特别是随着较为适合求解大规模混合整数规划模型的 CPLEX 和 GUROBI 软件的不断完善，众多物流选址与调度模型的求解规模也得到了快速增加。然而，通过国内外相关学者近期发表的论文及对相关管理人员的访谈调研，我们发现仍有大量人员在采用传统的非精确模型及启发式求解算法。

本书在全面归纳总结国内外学者所提出的经典选址与调度模型的基础之上，从精确建模与求解视角出发，提出了众多最新的模型及其对应的求解算法。一是基于入门的视角，分别介绍了线性规划模型及其求解原理、经典的整数规划模型及其求解原理、计算机迭代与递归原理及其在线性规划模型求解过程中的推广，以及图与网络基本知识和经典图与网络模型的求解原理；二是介绍了经典的运输问题，以及如何获取物流选址与调度基础数据等问题；三是对经典的集合覆盖选择问题、P－中心选址问题、最大覆盖选址问题，以及定位配给选址问题展开介绍的同时，从选址的均衡性、选址的加权调度距离的合理性、选址上下限约束及多目标追求视角出发提出了最新的模型；四是从选址的渐进性、层级性和变动性视角出发提出了渐进选址模型、分层选址模型、迁址模型、扩充选址模型、减址模型及增减迁址模型；五是以城市排水系统优化设计问题为基础提出了有向均衡选址模型，并提供了相关的算例；六是对经典的旅行商问题（traveling salesman problem，TSP）和车辆路径问题（vehicle routing problem，VRP）的精确模型及其启发式求解算法展开了相关的介绍，并提出了混合使用简单启发式求解算法和精确模型的 TSP 问题和 VRP 问题的最新快速求解法；七是以地下物流网络的设计与调度问题为例，展开了系统性的分析，并提供了高效的建设思路。

本书适合管理学与交通运输类专业的硕士生与博士生、计算机类本科生与硕士生及数学类专业的本科生与硕士生使用，亦可供相关企业与政府管理部门使用。书中对应的算法电子资源可以发邮件至1628920005@ qq. com 索取。由于相关工作的系统性与难度系数，书中难免会出现一些小的问题与错误，欢迎相关专家学者批评指正。

本书的出版得到了吉林省自然科学基金（YDZJ202201ZYTS598）、吉林财经大学科研启动资金（08207001）和吉林财经大学的资助。

木 仁

2023 年 4 月

于吉林财经大学

目 录

第 1 章

物流的起源与发展

1.1 物流领域的发展回顾及预测

我国现代物流业由传统的运输与仓储业发展而来，是社会经济发展到一定阶段的产物，也是企业内部分工和外部市场化、专业化及企业竞争加剧的必然结果。它是在快速发展的现代信息技术和互联网技术的基础之上，通过对运输、仓储、装卸、搬运、包装、流通加工与配送等物流传统资源（传统物流业）整合后形成的一种新型的产业形态。它突破了传统物流业的技术边界、业务边界、组织边界和市场边界，不再是运输业、仓储业等传统产业的简单相加，而是通过相互作用融为新的系统，显示出了新的产业属性。它是融合了运输业、仓储业、货贷业和信息业等的复合型服务产业，涉及领域广，吸纳就业人数多，拉动消费作用大，在促进产业结构调整、转变经济发展方式和增强国民经济竞争力等方面均发挥着重要作用。目前，物流业在国内外均属于新兴产业。它的发展程度反映了一个国家和地区经济的综合配套能力与社会化服务水平，是其经济发展水平高低的重要标志之一，因此在国民经济中起到越来越重要的基础性作用。

科学的物流概念的形成已有半个多世纪，美国著名学者德鲁克（Peter F. Drucker）在 50 多年前提出物流这一概念时，物流在发达国家如美国，属于"经济领域的黑色大陆"。中国的"物流"一词是从日文资料引进来的外来词，源于日文资料中对"Logistics"一词的翻译"物流"。根据《中华人民共和国国家标准物流术语》的解释，物流是物品从供应地向接收地的实体流动过程中，根据实际需要，将运输、储存、采购、装卸搬运、包装、流通加工、配送、信息处理等功能有机结合起来实现用户要求的过程。物流概念引进我国之后，经过很长一段时间的学习和探索，已经得到了社会各界的广泛认可。

1978 ~ 1984 年，我国进入了物流学习引进期，邀请发达国家著名的物流学者前来访问，探讨物流概念的由来以及相关物流理论的学习、研究和建立。从 1984

年前后到 20 世纪末，物流业进入了探索期，这期间曾经出现了几次物流学科研究和探索的高潮。学者们在继续对物流进行学习和引进的同时，开始探索物流在我国经济发展不同阶段中的应用。在国内，广泛推行"配送"方式来运行物流并体现物流"服务"的定位，使国民经济和社会各界很快接受了物流这种经济形态，并在物流理论、体制以及实践方面对其进行了全方位的探索。从 21 世纪初开始，我国物流行业进入了全面发展期。国家标准《物流术语》的出台是这个时期的重要标志，表明对于物流发展要用标准的形式予以规范。2001 年原国家经济贸易委员会、铁道部等国务院六部委联合推动现代物流发展，出台了《关于加快我国现代物流发展的若干意见》。之后，2009 年国务院发布的《物流业调整和振兴规划》、2011 年国务院办公厅出台的《关于促进物流业健康发展政策措施的意见》等，都是指导和规划物流业发展的重要方向性文件。2013 年国家发展和改革委员会同有关部门发布的《全国物流园区发展规划》以及 2014 年国务院发布的《物流业发展中长期规划（2014—2020 年)》则明确以规划的形式安排物流业的发展，把物流业的发展引向纵深，尤其是提出了到 2020 年基本建立现代物流服务体系的目标，使得物流业在中国有了一个较好的发展蓝图。

1.1.1 我国物流领域发展回顾

回顾 30 多年的发展历程，我国现代物流业在以下几方面取得了突出成绩。

1.1.1.1 物流业实现了持续快速增长

我国物流企业发展进步明显，从中央到地方，政府部门都投入了较大精力培育物流企业，并积极打造良好的市场环境。目前，初步形成了较为完整的物流企业体系，包括第三方物流企业、传统的运输与仓储企业、物流基础设施建设运营企业等。该体系使得第三方物流企业规模逐步扩大，传统运输与仓储企业的服务也得到了提升。同时，在物流园区、物流中心、配送中心以及运输枢纽场站等物流设施经营运作的专业化等方面，均有了长足的进步，物流发展规划也得到了不断的完善。从 2014 年至今的中央及地方政府规划情况来看，物流发展规划大致包括物流业发展规划、物流基础设施布局规划、物流企业发展规划、重点物流基础设施规划、物流信息平台规划、单个大型物流设施的总体规划等综合性和专项规划，初步形成了涉及物流业发展各领域的规划体系，这些规划对物流业发展的引导作用不断加强。

1.1.1.2 网络渠道加紧深耕细作

德邦物流在全国开设了 5200 余家直营网点，全年网点增长近千家，并继续向中西部以及三四线城市延伸。日日顺物流在全国 2800 多个县建立了物流配送站和 17000 多家服务商网点，逐步形成了大件商品送装一体化的服务网络。顺丰速运启动了快递下乡计划，业务覆盖的县级市或县区已超过 2300 个。阿里巴巴启动了"千县万村"计划，拟投资建立 1000 个县级运营中心和 10 万个村级服务站。京东推出"先锋站"计划和"村民代理"模式。截至 2022 年底，全国累计建成了 990 个县级寄递公共配送中心、27.8 万个村级快递服务站点，全国 95% 的建制村实现了快递服务覆盖。社区物流服务深入推进以解决"最后一公里"问题。

1.1.1.3　物流企业的专业化服务探索加快

改革开放以来，物流市场形成了由多种所有制、不同经营规模和服务模式构成的物流企业群体：一是原有的国有物流企业加快重组改制和业务转型；二是快速发展的民营物流企业；三是一批生产或商贸企业的物流部门以原有业务为基础向社会扩展，形成具有专业特色的物流供应商；四是世界知名的跨国物流企业相继进入。这些物流企业创新了物流服务内容与模式，依托物流基础设施进行规模化物流服务和经营。例如，中储物流以仓储资源为基础，积极提升仓储服务品质，拓展物流金融服务，扩大加工配送、货运代理等服务。快递企业更是在困境中谋求新的发展，并通过发展航空与公路等运输方式进行联运，积极应用信息化技术，实现了运作手段的创新和运营网络的扩张，业务水平快速提升。顺丰速运、宅急送等均在不同程度上获得了新的发展和突破，成为对行业发展具有影响力的企业。

1.1.1.4　物流信息化和技术创新迈上新台阶

我国物流业起步较晚，加入世界贸易组织（WTO）后，我国物流业拥有了向国外学习的良好契机。在众多著名跨国物流公司涌入中国市场的同时，国内物流企业也在竞争中借鉴经验，越来越重视物流技术的开发与应用，这使得近年来我国物流技术与信息技术在研发和应用方面都取得了长足的进步。同时，企业在物流信息化改造、公共信息平台建设和信息技术开发应用等方面也取得了突破。根据中国物流信息中心对国内 1000 多家企业的调查，有信息系统和数据库支持的企业占被调查企业的 70%，大型企业的信息化普及率达 90% 以上，① 这说明我国的物流设备和技术条件已经有了极大的改善。

1.1.1.5　各种组织模式、管理模式和商业模式创新成为热点

电子商务推动下的物流管理以物流信息化为基础，这种新型的物流配送方式

---

① 乐在保税. 物流发展综述文章：光辉的中国物流产业 30 年，http：//www. fanglue. cn/index. php/cms/item－view－id－2191. shtml.

使商品流转更加信息化、自动化、现代化和社会化，相较传统方式减少了库存和资金积压，降低了物流成本，提高了经济效益和社会效益。电子商务为物流企业提供了技术条件和市场环境，为物流功能集成和物流企业实现规模化经营创造了有利的条件。因此，分析电子商务支持下的企业物流特点，并建立宏观和微观双控型的电子商务物流组织模式、管理模式和商业模式成为企业面对现代市场竞争的必然选择。

在公路货运领域，车货匹配平台整合货源和车源，引入货运"淘宝"和"滴滴打车"模式。易流科技推出"云平台"模式，整合社会车辆超过 30 万辆。[①] 在快递电商领域，"网订店取"与"智能快递箱"等配送模式得到推广，快递业务趋向"定制、精准和安全"的体验式服务。新的组织、管理、商业模式的创新对于物流业理顺管理关系、加强统筹规划和协调管理都将起到推动作用。

1.1.1.6 制造业和商贸业推行现代物流管理

生产制造企业已开始重视现代物流理念、管理和技术的应用。它们以订单为中心，改造现有业务流程，在生产组织、原材料采购、产品销售、运输和仓储等方面实行资源整合、业务外包。制造企业与物流企业加强深度合作，促进物流社会化的进一步发展。

物流业与制造业、商贸业、金融业等"多业联动"，产业合作层次从运输、仓储、配送业务向集中采购、订单管理、流通加工、物流金融、售后维修、仓配一体化等高附加值增值业务、个性化创新服务拓展延伸。企业凭借自身优势跨界经营。零担快运企业凭借网络优势推出快递业务。快递企业凭借客户优势进入电商、冷链和 O2O（online to office）市场。合同物流企业凭借资源优势承接客户外包服务，从单一的物流服务商向综合服务商转型。这样将各企业间的相关制约、不合理竞争变成相互支持、密切协作，防止重复建设和人力物力的浪费，更好地实现降低物流成本、提高效率、改善服务的系统性目标，有力地支持了国民经济与社会生产生活的发展。

1.1.1.7 国际物流市场面临新机遇

跨境电商迎来爆发期，海外物流布局成为重点战略。阿里巴巴、顺丰、圆通等电商和快递企业与境外快递邮政企业合作，开辟全球物流市场，尝试进军跨境电商和物流业务；中国邮政速递推出"中邮海外购"，打造跨境电商转运平台；中远集团为天猫国际跨境电商业务提供全程物流服务。各类企业看好跨境电商业

---

① 曹连根. 审时度势 知难而进，http://www.pdtimes.com.cn/html/2015 - 02/26/content_12_3.htm.

务，"海外仓"建设吸引了大量资金。与此同时，中远物流、中外运股份等大型物流企业继续保持工程物流领域的优势地位，跟随国内工程建设企业"走出去"，在港口、园区等物流战略资源方面取得了良好进展。

电子商务的发展提高了全球商务信息交换能力，促进了全球经济一体化进程，因此企业应在全球化物流经营上进行战略定位，建立以供应链为基础的国际化物流新概念，实现物流经营资源的全球化配置。此外，企业还需要建立按照国际化惯例进行物流经营的专门机构，实现物流经营的规模化发展。

1.1.1.8　物流业发展的政策环境得到较大改善

近年来，有关部门发布了一系列支持物流业发展的政策文件。国家发展和改革委员会支持冷链物流、粮食物流、公共信息平台和物流诚信建设，国家级示范物流园区工程已完成前期设计；交通运输部重视物流通道建设，继续开展甩挂运输试点和城市配送便利通行工作，积极推进车型标准化；商务部继续开展城市共同配送示范试点，商贸物流标准化、电子商务与快递协同发展试点工作启动；工业和信息化部加强物流信息化引导，开展物流供应链推进工作；邮政部门全面开放国内包裹快递市场，简化快递资质审批流程。自《物流业发展中长期规划（2014—2020 年）》发布后，有关部门积极推进政策落实，《促进物流业发展三年行动计划（2014—2016）》正式出台，明确了物流成本、基础设施与重点工程等五个方面、62 项重点工作任务的牵头部门以及具体目标和完成时限。

1.1.2　我国物流业未来发展趋势预测

1.1.2.1　国家政策法规的完善

物流业的健康快速发展离不开政府的政策引导。政府需要对物流标准化问题进行统一协调、规划、管理，制定系统内部物流设施、机械装备、专用工具等的技术标准，包装、仓储、装卸、运输等各类作业标准以及作为中国物流突出特征的物流信息标准，形成全国性并且和国际接轨的标准化体系。此外，还应加强绿色物流的理论宣传和知识普及，完善相关的立法和制度建设，如环境立法、排污收费制度、绿色标准、循环利用法和许可证制度，在政策上体现出对物流一体化、低碳化的引导和激励。

1.1.2.2　提高资源利用率，发展低碳绿色循环物流

实现绿色物流需要物流企业打破地区、部门和行业的局限，按照绿色大流通思路进行全国物流规划整体设计。建立完善的法律法规体系，如环境立法、排污收费、税收扶持/补贴、贷款优惠等，以有效规范和引导物流企业的行为；整合优化配置现有资源，提高资源及现有设施利用率，加快对绿色物流公共基础设施

及多运输方式衔接的规划建设。完善综合交通运输网络，建设大型综合物流中心，发展多式联运和铁路货物运输；推动废旧物流设施设备的循环利用；使用可重复使用的包装材料，减少一次性塑料包装材料的使用，避免过度、昂贵包装，推动生物降解塑料的规模使用，研发和推广新环保包装材料，减少对环境的污染和降低碳排放。加强对废弃物的收集、运输、循环利用和最终处置的管理。加强物流安全体系方面的建设，借助现代信息技术，发展以提供自然灾害、公共卫生事件、重大事故等突发性事件所需应急物资为目的，以时间效益最大化和灾害损失最小化为目标，整合应急物资的采购流通、回收以及信息处理等一系列功能的应急物流体系。

1.1.2.3　物流行业向网络信息化方向发展

近年来，我国的仓储物流信息化发展虽然较快，但与国际先进水平相比，还有一定差距，特别是中小型仓储物流企业的信息化水平较低。一方面，先进的信息技术应用较少，应用范围有限；另一方面，信息化对企业运营生产环节的渗透层次较低。在信息化水平较高的大中型仓储物流企业，企业网站的功能仍以企业形象宣传等基础应用为主，而作为电子商务平台的比例相对较少。同时，已建信息化系统的功能主要集中在仓储管理、财务管理、运输管理和订单管理上，而关系到仓储物流企业生存发展的有关仓储物流网络信息化建设所占比例却很小。事实上，较低的信息化应用水平已经成为制约我国仓储物流业发展的重要因素，我国的仓储物流业迫切需要提高信息化水平，以提升国际竞争力。仓储物流网络信息化的建设将有助于全方位提升企业竞争力，降低生产成本，提高资源效率，推动企业的发展。从中外物流发展的趋势来看，网络信息化建设是仓储物流业未来发展的主流趋势。

1.1.2.4　培养复合型物流专业人才

现代物流人才需要具备较强的业务素质、物流组织能力和市场分析能力；能够整合物流各个环节，既懂管理又懂技术，而且需要深厚的理论基础和丰富的科研实践经验。此外，面对迅猛发展的信息技术和手段给物流业带来的巨大改变，促使从事物流工作的各类人才都必须了解并掌握一定的信息使用和管理技术，尤其是相应的智能化技术和电子商务知识。现代物流是一项系统化、综合化的工作，其实施需要各层人员具备相应的理念和素质。对于管理人员来说，不仅要求其具有一定的物流专业技术知识，还需要具备相当的综合管理能力。同时，还应了解相关的生产、经营、实际运作的基本知识，根据服务对象的特性进行相应的调整。因此，物流人才培养是一项复杂、持久、涉及内容广泛的工作过程，急需更多的复合型人才为物流领域作出贡献。

1.1.2.5　构筑一体化物流，加强国际间合作

物流一体化的目标是应用系统科学的方法，充分考虑整个物流过程的各种环境因素，对商品实物的活动过程进行整体规划和运行，实现整个系统的最优化设计。在美国等发达国家，企业物流普遍实行了一体化运作，而且企业物流的一体化不再仅仅局限于单个企业的经营职能，而是贯穿于生产和流通的全过程，包括跨越整个供应链的全部物流，实现了由内部一体化向外部一体化的转变。中国物流业要从"大而全""小而全"的经营误区中解脱出来，构筑全球化战略，应提高需求预测的准确性，仓储设施的利用率，物流信息化程度和运输工具实载率；优化运输路径和搬运装卸系统，推行共同配送，实现物流资源的共享；引进国外先进技术，以一体化的物流管理和供应链管理在全球寻求资源采购、生产装配和产成品分销，参与国际化竞争。

1.2　物流系统

1.2.1　物流系统的概念

所谓"物流系统"，是指在一定的时间和空间内，由物流各个环节及其涉及的机械、工具、设施、设备、信息等多个相互联系、相互制约的要素组成的具有特定功能和目标的有机体。

不同学者对物流系统的概念有不同的描述，但以下两个观点是共同的，一是物流系统是社会经济大系统的子系统或组成部分；二是物流系统的直接目的是实现物资的时间效益和空间效益，在保障社会再生产顺利进行的前提下，实现物流活动中各环节的合理衔接，并取得最佳的效益。

1.2.2　物流系统的特点

物流系统具有一般系统普遍具有的特点，如整体性、相关性、目的性等，并且还具有不同于一般系统的特殊性。具体体现在以下五个方面：

1.2.2.1　物流系统是一个"人机系统"

物流系统是由人和物流设施、设备、工具及信息所构成的混合系统，表现为物流参与者运用有形的设备、工具和无形的思想、方法作用于物流对象的一系列活动。在这一系列的物流活动中，人是系统的主体。因此，在研究物流系统的各方面问题时，必须将人和物有机地结合起来，作为不可分割的整体加以考察和分析，且始终应将如何发挥人的主观能动作用放在首位。

1.2.2.2　物流系统是一个具有层次结构的可分系统

不管规模多么庞大的物流系统，都可以分解成若干个相互联系的子系统，而这些子系统又可以分为更低层次的子系统。同时，每一个物流系统又都处在一个更大的系统之中，这样综合起来形成一个多层次的结构。不同层次的子系统之间既相互区别，又相互联系、相互协调，通过有机结合构成一个整体，且系统整体的功能大于各子系统功能之和。

1.2.2.3　物流系统是一个大跨度系统

物流系统的大跨度体现在跨地域和跨时域两个方面。随着世界经济的全球化和信息化，物流活动早已突破了地域限制，形成了跨地区、跨国界发展的趋势。此外，由于一些商品生产所需时间存在很大的差异，常常要通过仓储来解决供求之间的矛盾，这一过程的时间跨度会很大。物流系统跨地域性是物流创造场所价值的体现，跨时域性是物流创造时间价值的体现。

1.2.2.4　物流系统是一个动态系统

物流系统一端连接着生产者，另一端连接着消费者。随着市场需求、供应渠道和价格的变化，系统内的各个功能要素和系统的运行会经常发生变化。由于物流系统受到社会生产和需求的制约，因此必须具有足够的灵活性和可改变性，才能满足社会需求并适应环境变化。

1.2.2.5　物流系统是一个多目标系统

物流系统的多目标常常表现出"效益背反"（trade off）现象，所谓"效益背反"指的是物流系统的若干功能要素之间存在着损益的矛盾，即某一功能要素的优化和利益发生的同时，必然会存在另一个或几个功能的损失，反之亦然。例如，为了简化包装、节省包装费用，常常会造成储存、装卸、运输等功能效益的降低。为了减少仓库储存量、降低仓储成本，常常会带来运输次数的增加、运输成本的增大。这些相互矛盾的问题在物流系统中广泛存在。因此，要使物流系统能在各方面均满足人们的要求，应该建立物流多目标函数，运用系统科学的思想和方法，寻求物流系统的总体最优化。

1.2.3　物流系统的构成要素

1.2.3.1　物流系统的功能要素

物流系统的功能要素指的是物流系统所具有的基本能力，一般包括运输、储存、包装、装卸搬运、流通加工、配送、物流信息等。

（1）运输。运输是物流系统中最重要的功能要素之一，包括公路、铁路、水路、航空、管道等运输方式。对运输活动的管理，要求选择技术经济效果最好的运输方式或联运方式，合理确定运输路线，以保证货物安全、迅速、准时、低成本的送达要求。

（2）储存。储存功能包括接货入库、拣货、出库、安全保存、库存管理等活动。储存环节的管理，要求正确确定库存数量，明确仓库的具体功能，合理确定保管制度和流程，对不同的库存物品制定不同的管理策略，力求提高保管效率、降低损耗、加速周转速度。

（3）包装。包装是物流工程的起点，包括产品的出厂包装，生产过程中在制品、半成品的包装以及在物流过程中换装、分装、再包装等活动。对包装活动的管理，在考虑包装的功能和作用、包装费用和物流过程合理化的同时，要根据物流方式和销售要求来确定。

（4）装卸搬运。装卸搬运是实现输送、保管、包装、流通加工等物流活动之间有效衔接的活动。对装卸搬运活动的管理，主要是确定最恰当的装卸搬运方式，力求减少装卸搬运次数、减少移动距离，合理配置及使用装卸搬运工具，以实现节能、省力、减少损失、提高效率的目的。

（5）流通加工。流通加工是指在流通阶段进行的商品简单加工、组装、再包装、分割、贴标签等，是在物流过程中进行的辅助加工活动。流通加工通过提高物流速度和物品的利用率，给社会和企业带来可观的经济效益，已成为流通领域一项越来越重要的功能活动。

（6）配送。配送包括订单处理、配货、拣货、送货等形式，是集经营、服务、社会集中库存、分拣、装卸搬运于一身的物流活动。它直接为用户提供物流服务，综合了前几项功能要素，是物流系统的缩影。

（7）物流信息。物流信息功能包括对物流各项活动中相关信息的采集、信息传递、信息处理和决策等活动，是现代物流业重要的功能构成。对物流信息的管理，要求正确选择信息科目、信息收集、汇总、统计方式等，构建高效的信息处理系统，以保证信息处理的可靠性和及时性。

1.2.3.2　物流系统的物质基础要素

物流系统的建立和运行，需要大量技术装备手段，这些手段的有机联系对物流系统的运行至关重要，具体包括以下五个方面：

（1）物流设施。包括物流货站、货场、物流中心、仓库、物流线路、建筑、公路、铁路、港口等。这些设施是组织物流系统运行的基础物质条件。

（2）物流装备。包括仓库货架、进出库设备、加工设备、运输设备、装卸机械等。这些装备是保证物流系统开动的条件。

（3）物流工具。包括包装工具、维护保养工具、办公设备等。这些工具是物流系统运行的物质条件。

（4）信息技术及网络。根据所需信息水平不同，包括通信设备及线路、传真设备、计算机及网络设备等。这些技术和设备是掌握和传递物流信息的手段。

（5）组织及管理。这是物流网络的"软件"，起着连接、调运、运筹、协调、指挥其他各要素以保障物流系统目的实现的作用。

1.2.4 物流系统的目标

物流系统的主要目标是充分发挥系统的功能和效率，实现系统整体合理化，获得宏观和微观两个方面的效益，具体包括以下五个方面：

1.2.4.1 服务（service）

作为流通系统的一部分，物流系统是连接生产与再生产、生产与消费的纽带，完成为用户送货、配送等服务，并且要求无缺货、无损货、无丢失现象发生。

1.2.4.2 快速（speed）

要求把货物按照用户指定的地点和时间迅速送到。物流领域中的直达物流、联合运输、高速公路等手段都是这一目标的体现。快速目标不仅是服务性的延伸，也是流通对物流提出的要求。

1.2.4.3 节约（saving）

低成本是物流系统形成和发展的重要因素，也是物流系统持续的追求。节约目标体现在流通时间的节约、物流投入的节约以及城市市区面积的节约等方面。

1.2.4.4 规模优化（scale optimization）

在物流领域中以分散或集中等不同方式建立物流系统就是规模优化目标的体现，如物流设施集中与分散是否适当，机械化与自动化程度如何合理利用等。

1.2.4.5 库存调节（stock adjustment）

在物流领域中正确确定库存方式、库存数量、库存结构、库存分布就是这一目标的体现。库存调节目标是服务性的延伸，也是宏观调控的要求。

上述物流系统的目标简称为"5S"，实现以上目标，需要把从生产到消费的整个物流过程作为一个流动的系统，依靠缩短物流路线，使物流作业合理化、现代化，从而降低其总成本。

1.3 物流网络

1.3.1 物流网络的定义

物流网络定义为："在网络经济和网络信息技术条件下，适应物流信息化和社会化的要求发展起来的，由物流组织网络、物流基础设施网络和物流信息网络三者有机结合而形成的物流服务网络体系的总称。"① 具体来说，物流网络是物流过程中相互联系的组织和设施的集合，一个完整的物流网络是由各种不同运输方式的运输线路和物流节点共同组成的。在线路上进行的活动主要是运输，包括集货运输、干线运输、配送运输等。物流功能要素中其他所有功能要素，如包装、装卸搬运、保管、分货、配货、流通加工等都是在节点上完成的。信息处理则贯穿于整个物流系统中。因此，物流节点是物流网络中非常重要的部分，需要认真地规划设计。实际上，物流线路上的活动也是靠节点组织和联系的，如果离开了节点，物流线路上的运动必然陷入瘫痪。

1.3.2 物流网络结构

网络结构是指物流网络的空间结构，可以分为增长极网络、点轴网络、多中心多层次网络和复合型网络。

1.3.2.1 增长极网络

增长极网络是指经济社会集中在一点形成的经济增长点，也是经济集聚与扩散相互协同形成的一种地域经济社会结构。它以一点为核心，呈放射状分布。星型和扇型网络是其呈现的两种典型网络结构形式。直观上可以用一对多网络结构来理解。如图 1-1 所示，一对多网络结构在工厂—设施或者在单个的设施—客户的关系中最为常见。该结构的特点是货物从中央设施（例如工厂等）分发配送到多个下一级单位（例如一级设施或区域设施），而货物的流经层数可以有多层。

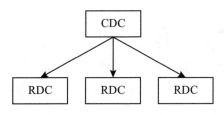

CDC：中央设施
RDC：相对于CDC的下一级单位

图 1-1 一对多网络结构

1.3.2.2 点轴网络

点轴网络是指消费者大多产生和聚集于一点，形成大小不等的市场，而相

① 徐杰，鞠颂东. 物流网络的内涵分析［J］. 北京交通大学学报（社会科学版），2005（2）：22 - 26. DOI：10. 16797/j. cnki. 11 - 5224/c. 2005. 02. 005.

邻节点间的相关作用力并不是平衡辐射，而是沿交通线、资源供应线进行。以点轴为核心的社会经济系统呈现沿干线以带状分布为主，物流网络在沿线重要交通站点及枢纽呈放射状分布。带型网络和环型网络是其呈现的两种典型的网络结构形式。

1.3.2.3　多中心多层次网络

多中心多层次网络是指不同地域之间相互联系、密切合作所形成的一种物流空间网络。它是生产社会化和社会分工协作发展到一定阶段的必然结果，也是物流网络发展的必然趋势。网格型网络就是它的典型形式。直观上可以用多对多网络结构来理解。如图 1-2 所示，多对多网络结构在实际中更为常见。在多对多物流网络模型中，还可以细分成一级物流网络、二级物流网络和多级物流网络。大批量的生产和销售之间多采用这种网络结构，它可以避免中间不必要的库存等过程，从而大大降低物流费用。

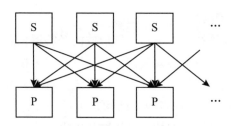

S：上一级供应商或分厂
P：下一级生产企业或总装厂

图 1-2　多对多结构

1.3.2.4　复合型网络

复合型网络是指由两种以上网络结构组合而成的一种新型网络结构，它能更好地适应社会经济发展的特殊需求。各种物流网络结构如图 1-3 所示。

1.3.3　物流网络的基本特征

1.3.3.1　服务性

物流网络运作的目标是以最低的成本在有效时间内将物资完好地从供应方送达需求方，逐步实现"按需送达、零库存、缩短在途时间、无间歇传送"的理想物流运作状态，使物流与信息流、资金流并行，以低廉的成本及时满足客户需求。

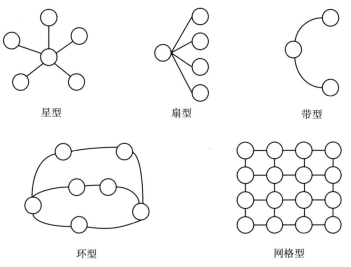

图 1-3　物流网络结构类型

1.3.3.2　开放性

物流网络的运作建立在开放的网络基础上，每个节点都可以与其他任何节点发生联系，快速交换信息，并协同处理业务。互联网的开放性决定了节点的数量可以无限多，单个节点的变动不会影响其他节点，整个网络具有无限的开放性和拓展能力。

1.3.3.3　信息先导性

信息流在物流网络运作过程中起到引导和整合作用。通过构建物流信息网络，可以实现每个节点对其他节点询问的回答，以及向其他节点发出业务请求，并根据其他节点的请求和反馈提前安排物流作业。

1.3.3.4　外部性和规模效应

物流网络将各个分散的节点连接为一个有机整体，网络不再以单个节点为中心，网络功能分散到多个节点处理，各节点间交叉联系，形成网状结构。大规模联合作业降低了整体网络运行成本，提高了工作效率，同时也降低了网络对单个节点的依赖性，抗风险能力明显增强。

1.3.3.5　整体性

物流网络包含许多构成要素或子网络，它们是物流网络规划设计的重要内容，相当多的工作是考虑这些子网络如何设计，但是，子网络的合理化和优化并不能代表网络整体的合理化和优化。

1.3.3.6　服从性

物流网络通常是企业经营网络的一个子网络，为企业经营网络提供服务。物流网络的目标应服从企业的战略目标和经营目标，并为实现目标贡献力量，不能将物流网络独立开来，过分夸大其作用。

除此之外，还有一种网络叫多对一网络，如图1-4所示。在广义上它属于增长极网络，也是扇型网络的一种。多对一网络结构在生产企业的供应渠道中最为常见。例如，多个供应商同时给一个工厂供应原材料，或者多个分厂同时为一个总装厂提供部件等。

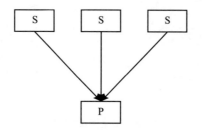

S：上一级供应商或分厂
P：下一级生产企业或总装厂

图1-4 多对一网络结构

第 2 章

线性规划基本模型简介

数学建模方法众多，用途广泛，其中相对简单且理论体系较为完善的方法是线性规划法。然而，由于计算机软件的普及率相对滞后于线性规划基本理论的发展，目前线性规划方法的推广应用远未达到预期水平，特别是在一些非数学类研究领域中，线性规划方法的应用基本未涉及或者只是较小规模的应用。事实上，随着大数据时代的来临，线性规划方法在众多领域中的推广应用迫在眉睫。本章将重点介绍线性规划基本模型及其相关应用案例和算法。

2.1 线性规划基本模型介绍

"线性"这个词对众多学者而言并不陌生，但有些学者对这个概念的理解并不深入。在数学领域中，"线性"指的是变量的最高次幂之和不超过 1 的函数表达式。例如，中学所学的直线方程和大学所学的平面都是线性函数的例子。

例 2.1：线性函数与非线性函数实例。

函数 $y = 2x + 1$ 是一线性函数，在平面直角坐标系里代表直线。函数 $x + y + z = 1$ 也是线性函数，在空间直角坐标系里代表一个平面。

函数 $y = x_1 x_2$ 和 $y = x^2$ 是非线性函数，因为其变量的最高次幂超过了 1。

2.1.1 线性规划基本模型

线性函数最大的优势在于变量之间的关系是线性的。以直线为例，只需了解直线的斜率和截距就可以确定唯一直线方程，变量之间的关系是正相关或负相关，在预测和掌握规律方面具有较强的优势。因此，在数学领域中经常采用复杂函数线性化处理方法，并结合极限理论获得较优的结果。如积分理论、平面曲线的弧长等均是复杂函数线性化的思想体现。同时，目前计算机理论的基础也是一种线性化思想的体现。

线性规划基本模型如下：

$$\max(\min)z = c_1x_1 + c_2x_2 + \cdots + c_nx_n \tag{2.1}$$

模型 2.1

$$s.t. \quad a_{11}x_1 + a_{12}x_2 + \cdots + a_{1n}x_n \leqslant b_1 \tag{2.2}$$

$$a_{21}x_1 + a_{22}x_2 + \cdots + a_{2n}x_n \leqslant b_2 \tag{2.3}$$

$$\cdots$$

$$a_{m1}x_1 + a_{m2}x_2 + \cdots + a_{mn}x_n \leqslant b_m \tag{2.4}$$

$$x_1, x_2, \cdots, x_n \geqslant 0 \tag{2.5}$$

有时也将上述模型用矩阵形式表示，其具体形式为：

$$\max(\min)z = \mathbf{CX} \tag{2.6}$$

$$s.t. \quad \mathbf{AX} \leqslant \mathbf{B} \tag{2.7}$$

$$\mathbf{X} \geqslant 0 \tag{2.8}$$

其中，$\mathbf{X} = (x_1, x_2, \cdots, x_n)^T$，$\mathbf{C} = (c_1, c_2, \cdots, c_n)$，$\mathbf{B} = (b_1, b_2, \cdots, b_m)^T$，

$$\mathbf{A} = \begin{bmatrix} a_{11} & a_{12} & \cdots & a_{1n} \\ a_{21} & a_{22} & \cdots & a_{2n} \\ & & \cdots & \\ a_{m1} & a_{m2} & \cdots & a_{mn} \end{bmatrix}$$

2.1.2 线性规划模型推广应用

模型 2.1 被称为线性规划基本模型，是因为众多模型都可以转化为模型 2.1 的形式。因此，模型 2.1 具有很高的应用价值。以资源分配问题为例，模型 2.1 的解释如下：假设某企业有 m 种资源，可用于生产 n 种产品，每种产品的利润为 c_i，生产单位数量的第 i 种产品时需要消耗的第 j 种资源的量为 a_{ij}，第 j 种资源总量为 b_j。则模型 2.1 即是使企业利润最大化的线性规划模型。因此，有时也会将模型中的 C 称为价值向量，A 称为资源消耗矩阵，B 称为资源总量矩阵。同样地，我们将 X 称为决策变量。

模型 2.1 中只有小于等于的不等式约束，对于存在大于等于约束的情形，可以通过对不等式两端同时乘以 -1 来转化为小于等于不等式；而对于等式约束，通过将此约束条件转化为一个小于等于和一个大于等于的约束后再将大于等于约束转化为小于等于约束的方式实现约束条件的统一。同样，对于决策的小于等于情形，也可以通过变量替换实现将所有变量转化为大于等于的形式；对于无约束的决策变量，可以通过将一个无约束变量转化为两个大于等于零的决策变量之差来实现所有决策变量都大于等于零的目的。

2.2　线性规划模型的 MATLAB 求解

线性规划模型的基本求解方法对于大部分了解运筹学的学者来说都不陌生。通常对于只有两个决策变量的情形，可以用图解法求解；而对于大于两个决策变量的情形，则需要借助单纯形方法进行求解。单纯形方法的基本思想是迭代思想的一种体现。首先找到初始可行解，其次通过迭代逐步从可行域的一个顶点走向另一个顶点，最后走到最优解点。

线性规划模型的计算机求解软件众多，对于决策变量较少的情形，完全可以用 Excel 求解，但是当决策变量较多时，Excel 则不是最佳选择的工具。部分学者可以采用 Lingo 软件，其书写格式较简单且容易理解。但对于大规模的数据处理，MATLAB 软件则更具有优势。本书将以 MATLAB 软件为例来求解相关问题。

MATLAB 中提供了具体求解线性规划模型的命令，常用的命令包括以下四种：

（1）linprog(f,A,b)，用于求解如下模型：

$$\min z = fX \tag{2.9}$$

$$s.\,t. \quad AX \leqslant b \tag{2.10}$$

（2）linprog(f,A,b,Aeq,beq)，用于求解如下模型：

$$\min z = fX \tag{2.11}$$

$$s.\,t. \quad AX \leqslant b \tag{2.12}$$

$$AeqX = beq \tag{2.13}$$

（3）linprog(f,A,b,Aeq,beq,vlb,vub)，用于求解如下模型：

$$\min z = fX \tag{2.14}$$

$$s.\,t. \quad AX \leqslant b \tag{2.15}$$

$$AeqX = beq \tag{2.16}$$

$$vlb \leqslant X \leqslant vub \tag{2.17}$$

（4）linprog(f,A,b,Aeq,beq,vlb,vub,x0)，从初始迭代点 X_0 出发求解如下模型：

$$\min z = fX \tag{2.18}$$

$$s.\,t. \quad AX \leqslant b \tag{2.19}$$

$$AeqX = beq \tag{2.20}$$

$$vlb \leqslant X \leqslant vub \tag{2.21}$$

利用 linprog 命令求解线性规划模型时将返回两个参数，第一个参数用于记录最优解，第二个参数给出最优目标函数值。通常我们采用以下调用形式：

```
[x,fval]=linprog(…)
```

例2.2：利用 linprog 函数求解下列线性规划模型。

$$\min f = x_1 - 2x_2 \tag{2.22}$$
$$s.t. \quad 2x_1 + x_2 \leqslant 5 \tag{2.23}$$
$$-x_1 + 3x_2 \leqslant 4 \tag{2.24}$$
$$x_1 \geqslant 1, \quad x_2 \geqslant 0 \tag{2.25}$$

相关 MATLAB 算法如下：

```
clear
f =[1;-2];
a =[2 1;-1 3];
b =[5;4];
aeq =[];
beq =[];
vlb =[1;0];
vub =[];
[x,fval]=linprog(f,a,b,aeq,beq,vlb,vub)
```

例2.3：利用 linprog 函数求解下列线性规划模型。

$$\max z = 2x_1 - x_2 + x_3 \tag{2.26}$$
$$s.t. \quad 2x_1 + x_2 \leqslant 3 \tag{2.27}$$
$$x_1 + 3x_2 + 5x_3 = 9 \tag{2.28}$$
$$3x_1 - x_2 - x_3 \geqslant 1 \tag{2.29}$$
$$x_1, \quad x_2 \geqslant 0, \quad x_3 \text{ 无约束} \tag{2.30}$$

将上述模型转化为标准的 MATLAB 模型的形式，具体模型等价如下：

$$\min z = -2x_1 + x_2 - x_3 \tag{2.31}$$
$$s.t. \quad 2x_1 + x_2 \leqslant 3 \tag{2.32}$$
$$x_1 + 3x_2 + 5x_3 = 9 \tag{2.33}$$
$$-3x_1 + x_2 + x_3 \leqslant -1 \tag{2.34}$$
$$x_1, \quad x_2 \geqslant 0, \quad x_3 \text{ 无约束} \tag{2.35}$$

从而，可使用以下具体的 MATLAB 求解代码：

```
clear
f =[-2;1;-1];
a =[2 1 0;-3 1 1];
```

```
b =[3; -1];
aeq =[1 3 5];
beq =[9];
vlb =[0;0; -inf];
vub =[];
[x,fval] = linprog(f,a,b,aeq,beq,vlb,vub);
x
fval = -1* fval
```

2.3　多目标规划问题

多目标规划法是运筹学中的一个重要分支，它是在线性规划的基础上，为解决多目标决策问题而发展起来的一种科学管理的数学方法。这个概念是由美国数学家查尔斯（Abraham Charnes）和库柏（William W. Cooper）在 1961 年首次提出的。

2.3.1　投资的收益与风险实例

例 2.4： 某部门现有资金 200 万元，今后五年内考虑给以下四个项目投资。

项目 A：从第一年到第五年每年年初都可投资，当年年末能收回本金和利息 110% 。

项目 B：从第一年到第四年每年年初都可投资，次年年末能收回本金和利息 125% ，但规定每年最大投资额不能超过 30 万元。

项目 C：需在第三年年初投资，第五年年末能收回本金和利息 140% ，但规定最大投资额不能超过 80 万元。

项目 D：需在第二年年初投资，第五年年末能收回本金和利息 155% ，但规定最大投资额不能超过 100 万元。

据测定，每万元每次投资的风险指数如表 2 -1 所示。

表 2 -1　　　　　　　　　　　各投资方案风险　　　　　　　　　单位：次/万元

项目	风险指数	项目	风险指数
A	1	C	4
B	3	D	5.5

（1）如何确定这些项目的每年投资金额，可在第五年年末获得资金的本金和利息金额为最大？

（2）如何确定这些项目的每年投资金额，使其总投资风险系数最小？

（3）根据指定的投资利润和风险偏好，请确定出一个最优的投资策略。

解： 假定用x_{ij}表示第i年投资于项目j的金额（单位为万元），根据给定的条件，可以将相关变量表示为如表2-2所示。

表 2-2   决策变量

项目	第一年	第二年	第三年	第四年	第五年
A	x_{1A}	x_{2A}	x_{3A}	x_{4A}	x_{5A}
B	x_{1B}	x_{2B}	x_{3B}	x_{4B}	
C			x_{3C}		
D		x_{2D}			

因为项目A每年都可以投资，并且当年年末都能收回本息，所以该部门每年都应投资，不应有剩余的呆滞资金，因此，

第一年年初该部门必须全部投入200万元资金，从而实现最大收益：

$$x_{1A} + x_{1B} = 200$$

第二年年初因投资于项目B的资金并未收回，故第二年年初拥有的资金是第一年投资于项目A的本息$110\% * x_{1A}$，又因第二年的资金可用于项目A、B及D，故有：

$$x_{2A} + x_{2B} + x_{2D} = 1.1x_{1A}$$

同样，可以获得第三年、第四年及第五年的投资约束条件：

$$x_{3A} + x_{3B} + x_{3C} = 1.1x_{2A} + 1.25x_{1B}$$
$$x_{4A} + x_{4B} = 1.1x_{3A} + 1.25x_{2B}$$
$$x_{5A} = 1.1x_{4A} + 1.25x_{3B}$$

另外，因对项目B、C和D存在上限约束，故有：

$$x_{iB} \leqslant 30(i = 1, 2, 3, 4)$$
$$x_{3C} \leqslant 80$$
$$x_{2D} \leqslant 100$$

（1）由于仅考虑第五年年末拥有资金的本金和利息为最大，而第五年拥有的资金总量为：

$$1.1x_{5A} + 1.25x_{4B} + 1.4x_{3C} + 1.55x_{2D}$$

故可建立如下线性规划模型：

$$\max 1.1x_{5A} + 1.25x_{4B} + 1.4x_{3C} + 1.55x_{2D} \tag{2.36}$$

$$s.t. \quad x_{1A} + x_{1B} = 200 \tag{2.37}$$

$$x_{2A} + x_{2B} + x_{2D} = 1.1x_{1A} \tag{2.38}$$

$$x_{3A} + x_{3B} + x_{3C} = 1.1x_{2A} + 1.25x_{1B} \tag{2.39}$$

$$x_{4A} + x_{4B} = 1.1x_{3A} + 1.25x_{2B} \tag{2.40}$$

$$x_{5A} = 1.1x_{4A} + 1.25x_{3B} \tag{2.41}$$

$$x_{iB} \leqslant 30 \, (i = 1, 2, 3, 4) \tag{2.42}$$

$$x_{3C} \leqslant 80 \tag{2.43}$$

$$x_{2D} \leqslant 100 \tag{2.44}$$

$$x_{ij} \geqslant 0 \, (i = 1, 2, 3, 4, 5; \, j = A, B, C, D) \tag{2.45}$$

为了便于用 MATLAB 软件求解，可将上述模型转化为如下等价形式：

$$\min \ -1.1y_5 - 1.25y_9 - 1.4y_{10} - 1.55y_{11} \tag{2.46}$$

$$s.t. \quad y_1 + y_6 = 200 \tag{2.47}$$

$$-1.1y_1 + y_2 + y_7 + y_{11} = 0 \tag{2.48}$$

$$-1.1y_2 + y_3 - 1.25y_6 + y_8 + y_{10} = 0 \tag{2.49}$$

$$-1.1y_3 + y_4 - 1.25y_7 + y_9 = 0 \tag{2.50}$$

$$-1.1y_4 + y_5 - 1.25y_8 = 0 \tag{2.51}$$

$$y_i \leqslant 30 \, (i = 6, 7, 8, 9) \tag{2.52}$$

$$y_{10} \leqslant 80 \tag{2.53}$$

$$y_{11} \leqslant 100 \tag{2.54}$$

$$y_i \geqslant 0 \, (i = 1, 2, \cdots, 11) \tag{2.55}$$

利用 MATLAB 软件可计算获得如表 2 – 3 所示的决策变量取值结果。相关程序在电子资源第 2 章文件夹中，文件名为 c23.m。①

表 2 – 3 　　　　　　　　　　决策变量取值

项目	第一年	第二年	第三年	第四年	第五年
A	$x_{1A} = 170$	$x_{2A} = 63$	$x_{3A} = 0$	$x_{4A} = 0$	$x_{5A} = 33.5$
B	$x_{1B} = 30$	$x_{2B} = 24$	$x_{3B} = 26.8$	$x_{4B} = 30$	
C			$x_{3C} = 80$		
D		$x_{2D} = 100$			

---

① 本章电子资源可发邮件至前言中提及的邮箱索取。

对应表 2 − 3 决策变量取值的最优目标函数值为 $z = 341.35$。

（2）不难发现，总的投资风险系数最小化问题的约束条件与投资利润最大化问题的约束条件是相同的，只需将目标函数修改为以下形式即可：

$$\min x_{1A} + x_{2A} + x_{3A} + x_{4A} + x_{5A} + 3(x_{1B} + x_{2B} + x_{3B} + x_{4B}) + 4x_{3C} + 5.5x_{2D}$$

利用 MATLAB 软件求解后可知，风险最小的投资方案是每年将资金全部投入风险最小的项目 A，最小风险为 1221。

相关程序在电子资源第 2 章文件夹中，文件名为 c24.m。

（3）在实践中，仅考虑利润或仅考虑风险的策略都是不科学的。一个优秀的投资策略应该同时考虑这两个因素，并提供相应的投资策略。这是一个双目标决策问题。

然而，由于投资利润和风险的量纲不同，即一个是使目标函数最大，另一个是使目标函数最小，所以需要采用合理的处理方法将这两个目标转化为统一形式，并同时包括在目标函数中。

对于本问题我们可以采用极差处理方式，则利润的极差处理公式如下：

$$\frac{x - m_1}{M_1 - m_1}$$

其中，M_1 为利润的最大值，m_1 为利润的最小值，x 是当前利润的取值。

风险的极差处理公式为：

$$\frac{y - m_2}{M_2 - m_2}$$

其中，M_2 为风险的最大值，m_2 为风险的最小值，而 y 是当前风险的取值。考虑到风险取值为越小越好，故采用如下处理方式将其转化为越大越好的形式：

$$\frac{y - m_2}{M_2 - m_2} \Rightarrow \frac{M_2 - y}{M_2 - m_2}$$

通过 MATLAB 软件可以得出该投资问题的最大和最小利润以及风险：最大利润为 341.35，最小利润为 322.1，最大风险为 1471，最小风险为 1221。

利用极差处理法对投资利润和风险进行相关处理，并假定两个目标同等重要，届时可以建立如下最佳投资方案：

$$\max \frac{1.1x_{5A} + 1.25x_{4B} + 1.4x_{3C} + 1.55x_{2D} - 322.1}{341.35 - 322.1} +$$

$$\frac{1471 - [x_{1A} + x_{2A} + x_{3A} + x_{4A} + x_{5A} + 3(x_{1B} + x_{2B} + x_{3B} + x_{4B}) + 4x_{3C} + 5.5x_{2D}]}{1471 - 1221}$$

利用 MATLAB 软件计算可以获得如表 2 − 4 所示的决策变量结果。相关程序在电子资源第 2 章文件夹中，文件名为 c25.m。

表 2 – 4　　　　　　　　　　　　　　　决策变量取值

项目	第一年	第二年	第三年	第四年	第五年
A	$x_{1A} = 200$	$x_{2A} = 120$	$x_{3A} = 52$	$x_{4A} = 57.2$	$x_{5A} = 62.9$
B	$x_{1B} = 0$	$x_{2B} = 0$	$x_{3B} = 0$	$x_{4B} = 0$	
C			$x_{3C} = 80$		
D		$x_{2D} = 100$			

对应表 2 – 4 决策变量取值的最优目标函数值为 $z = 1.1686$，其对应的利润为 336.2，风险为 1362.1。

2.3.2　多目标规划问题介绍

在建立优化模型时，有时追求的目标可能是多个，忽略其中任何一个因素都可能会降低优化结果的可信度。对于这类问题，常用处理方法包括以下三种：

一是为每个目标设定重要性权重。例如，当存在 n 个目标时，需要对目标函数进行归一化处理后分别设定不同目标的权重。假设第 i 个目标的权重为 α_i，目标取值为 M_i，则可建立如下优化模型：

$$\max\ \alpha_1 M_1 + \alpha_2 M_2 + \cdots + \alpha_n M_n$$

其中，$\alpha_1 + \alpha_2 + \cdots + \alpha_n = 1$。

二是分别求得各目标最优值后，将主要目标设定为目标函数，再将次要目标适当调整后修改为约束条件。

三是为各目标设定优先权，并将模型转化为多个优化模型。

以上文的投资问题为例，该问题采用了第一种方案，通过对两个目标的归一化处理及重要程度的设置，最终得到最优决策策略。

对于该投资问题，可引入一个新的问题：公司在保障第五年年末拥有 330 万元的基础上，应该如何投资才能使公司的投资风险最小化？

上述问题的目标函数与问题（2）是相同的，只需在约束条件中再增加一个约束条件：

$$1.1x_{5A} + 1.25x_{4B} + 1.4x_{3C} + 1.55x_{2D} \geqslant 330$$

利用 MATLAB 软件计算可以得到如表 2 – 5 所示的结果。相关程序在电子资源第 2 章文件夹中，文件名为 c26.m。

表 2-5			决策变量取值		
项目	第一年	第二年	第三年	第四年	第五年
A	$x_{1A}=200$	$x_{2A}=128.1$	$x_{3A}=140.9$	$x_{4A}=154.9$	$x_{5A}=170.4$
B	$x_{1B}=0$	$x_{2B}=0$	$x_{3B}=0$	$x_{4B}=0$	
C			$x_{3C}=0$		
D		$x_{2D}=91.9$			

对应表 2-5 决策变量取值的最优目标函数值为 $z=1300$。

2.4 适度指标的线性处理

在数学建模过程中,各种数据指标可以分为三类。第一类指标是正指标,即数据越大越好,例如投资问题中的利润。第二类指标是逆指标,即数据越小越好,例如投资的风险。第三类指标被称为适度指标,该类指标的特征是数据大了或小了均不好,需要充分接近某一事先给定的标准指标,例如饮用水的 pH 值、每位员工的工作量等,均为适度指标的例子。

2.4.1 适度指标的处理

由于适度指标要求被评价指标接近于某一数值,因此可以建立以下目标函数:
$$\min |x-D|$$
其中,x 为数据指标,D 为数据指标的理想取值。

显然,上述目标函数是一个非线性规划目标,如果对其进行平方,则转化为二次规划,也是一个非线性目标函数。对于此类目标的具体处理方式是增加两个决策变量 d^+,$d^- \geq 0$,并将目标函数转换为以下形式:
$$\min d^+ + d^-$$
并增加新的约束条件:
$$x - D + d^+ - d^- = 0$$
其中,d^+ 是用于当 x 小于理想值 D 时增加的量,d^- 是用于当 x 大于理想值 D 时减去的量,目标函数 $d^+ + d^-$ 的最小化表明加上的和减去的总和最小,则保障了 x 与理想值越接近越好。不难证明,在目标函数 $d^+ + d^-$ 的最小化约束下,d^+ 或 d^- 一个大于零时另一个必然等于零。

2.4.2 适度指标应用案例

例 2.5:某投资者准备用 10 万元资金购买股票。经过他的观察,分析筛选出了三只候选投资股票。这三只股票的价格、收益率及风险系数如表 2 - 6 所示。试求一种投资方案，使得一年的总投资风险不高于 15000，且投资收益不低于 2.5 万元。

表 2 - 6 　　　　　　　　　　　　**各只股票价格、收益与风险**

股票	价格/元	年收益（元/年）	风险系数
A	10	2	1
B	20	5	3
C	30	8	5

解：假设用 x_1、x_2 和 x_3 分别表示投资于三只股票的数量。显然，上述决策问题是多目标决策问题，其每一个目标未必均能够实现。其可能决策结果的风险大于 15000 也可能小于 15000，利润同样也有可能大于或小于 2.5 万元。为此，引入四个变量，建立如下两个等式约束条件：

$$x_1 + 3x_2 + 5x_3 - 15000 + d_1^+ - d_1^- = 0$$
$$2x_1 + 5x_2 + 8x_3 - 25000 + d_2^+ - d_2^- = 0$$

如果我们优先考虑投资的风险，则可建立如下线性规划模型：

$$\min d_1^-$$
$$s.t. \quad x_1 + 3x_2 + 5x_3 - 15000 + d_1^+ - d_1^- = 0$$
$$2x_1 + 5x_2 + 8x_3 - 25000 + d_2^+ - d_2^- = 0$$
$$10x_1 + 20x_2 + 30x_3 = 100000$$
$$x_1, \ x_2, \ x_3, \ d_1^+, \ d_1^-, \ d_2^+, \ d_2^- \geq 0$$

利用 MATLAB 软件计算可以得到上述线性规划模型的最优解。相关程序在电子资源第 2 章文件夹中，文件名为 c27. m。

其具体投资方案是 $x_1 = 2500$，$x_2 = 0$，$x_3 = 2500$，其最低风险为 15000，此时的利润为 25000 元。

第 3 章

整 数 规 划

在线性规划模型中，如果各个决策变量的取值均为整数，则称此类模型为整数规划模型。由于现实生活中许多决策变量的取值都可能是整数，因此整数规划模型具有广泛的应用。

3.1 整数规划基本模型

整数规划基本模型如下：

$$\max(\min)z = c_1x_1 + c_2x_2 + \cdots + c_nx_n \tag{3.1}$$

模型 3.1 　　　　 $s.\,t.$ 　$a_{11}x_1 + a_{12}x_2 + \cdots + a_{1n}x_n \leqslant b_1 \tag{3.2}$

$$a_{21}x_1 + a_{22}x_2 + \cdots + a_{2n}x_n \leqslant b_2 \tag{3.3}$$

$$\cdots$$

$$a_{m1}x_1 + a_{m2}x_2 + \cdots + a_{mn}x_n \leqslant b_m \tag{3.4}$$

$$x_1, \ x_2, \ \cdots, \ x_n \geqslant 0 \ 且为整数 \tag{3.5}$$

有时也将上述模型用矩阵形式表示，其具体形式为：

$$\max(\min)z = \mathrm{CX} \tag{3.6}$$

$$s.\,t. \quad \mathrm{AX} \leqslant \mathrm{B} \tag{3.7}$$

$$\mathrm{X} \geqslant 0 \ 且为整数 \tag{3.8}$$

其中，$\mathrm{X} = (x_1, \ x_2, \ \cdots, \ x_n)^{\mathrm{T}}$，$\mathrm{C} = (c_1, \ c_2, \ \cdots, \ c_n)$，$\mathrm{B} = (b_1, \ b_2, \ \cdots, \ b_m)^{\mathrm{T}}$，

$$\mathrm{A} = \begin{bmatrix} a_{11} & a_{12} & \cdots & a_{1n} \\ a_{21} & a_{22} & \cdots & a_{2n} \\ & & \cdots & \\ a_{m1} & a_{m2} & \cdots & a_{mn} \end{bmatrix}$$

对于决策变量的无约束或小于等于零的约束，也可以采用第 2 章中处理线性规划决策变量的同样方式进行处理，这里不再重述。

3.2 0-1 规划模型

如果整数规划问题中的决策变量只能取 0 或 1，则称这类整数规划问题为 0-1 规划问题。在现实生活中，有许多管理问题可以建立 0-1 规划模型进行优化。

例 3.1： 某畜产品公司计划在市区的东、西、南、北四区建立销售门市部，共有 10 个位置 A_j（$j=1$，2，3，…，10）可供选择，考虑到各地区居民的消费水平及居民居住密集度，规定如下：

在东区的 A_1，A_2，A_3 三个点中最多选两个；

在西区的 A_4，A_5 两个点中至少选一个；

在南区的 A_6，A_7 两个点中至少选一个；

在北区的 A_8，A_9，A_{10} 三个点中至少选两个。

A_j 各点的设备投资及每年可获利润由于位置不同而不同，预测情况见表 3-1，但投资总额不能超过 720 万元，应选择哪几个销售点，才能使年利润最大？

表 3-1   **投资方案及其利润**   单位：万元

项目	A_1	A_2	A_3	A_4	A_5	A_6	A_7	A_8	A_9	A_{10}
投资额	100	120	150	80	70	90	80	140	160	180
利润	36	40	50	22	20	30	25	48	158	61

解： 设 0-1 变量 $x_i = \begin{cases} 0 & \text{当 } A_i \text{ 点没被选用} \\ 1 & \text{当 } A_i \text{ 点被选用} \end{cases}$

则可以建立如下 0-1 规划模型：

$$\max z = 36x_1 + 40x_2 + 50x_3 + 22x_4 + 20x_5 + 30x_6 + 25x_7 + 48x_8 + 58x_9 + 61x_{10} \tag{3.9}$$

$$s.t. \quad 100x_1 + 120x_2 + 150x_3 + 80x_4 + 70x_5 + 90x_6 + 80x_7 + 140x_8 + 160x_9 + 180x_{10} \leqslant 720 \tag{3.10}$$

$$x_1 + x_2 + x_3 \leqslant 2 \tag{3.11}$$

$$x_4 + x_5 \geqslant 1 \tag{3.12}$$

$$x_6 + x_7 \geqslant 1 \tag{3.13}$$

$$x_8 + x_9 + x_{10} \geqslant 2 \tag{3.14}$$

$$x_i = 0 \text{ 或 } 1, \quad i = 1, 2, 3, 4, 5, 6, 7, 8, 9, 10 \tag{3.15}$$

3.3 指派问题

假设有 n 个任务，可由 n 个人来完成，第 i 个人完成第 j 项任务的效率为 c_{ij}，用 x_{ij} 来表示第 i 个人是否去完成第 j 项任务。如何进行指派，使得所有人完成任务的效率总和最高？

$$\max Z = \sum_{i=1}^{n} \sum_{j=1}^{n} c_{ij} x_{ij} \tag{3.16}$$

模型 3.2 $\qquad s.t. \quad \sum_{j=1}^{n} x_{ij} = 1 \quad i = 1, 2, \cdots, n \tag{3.17}$

$$\sum_{i=1}^{n} x_{ij} = 1 \quad j = 1, 2, \cdots, n \tag{3.18}$$

$$x_{ij} = 0 \text{ 或 } 1, \ i, j = 1, 2, \cdots, n \tag{3.19}$$

当人数和任务数量不相同时，就可能出现某些人没有任务可做或某些任务没有人完成的情况。出现这两种情况时，只需将约束条件中等于 1 的某个约束条件修改为小于等于 1 即可。有时，也可以采用一个人完成多个任务或多个人完成一个任务的方式，此时需要设定上限，并将约束条件修改为小于等于该上限即可。

3.4 背包问题

背包问题可以描述为：给定一组物品，每种物品都有自己的重量和价格，在限定的总重量内，我们如何选择，才能使得物品的总价格最高。问题的名称来源于如何选择最合适的物品放置于给定的背包中。类似的问题经常出现在商业、组合数学、计算复杂性理论、密码学和应用数学等领域中。也可以将背包问题描述为决策问题，即在总体积不超过 W 的前提下，如何实现总价值最大化？

假设用 w_i 和 v_i 表示第 i（$i = 1, 2, \cdots, n$）种物品的体积和价值，用 x_i 表示在背包中是否放置第 i 种物品。$x_i = 1$ 表示背包中放置第 i 种物品，而 $x_i = 0$ 则表示不放置第 i 种物品。从而，可以建立如下整数规划模型：

$$\max Z = \sum_{i=1}^{n} v_i x_i \tag{3.20}$$

模型 3.3 $\qquad s.t. \quad \sum_{i=1}^{n} w_i x_i \leq W \tag{3.21}$

$$x_i = 0 \text{ 或 } 1, \ i = 1, 2, \cdots, n \tag{3.22}$$

在一些实际问题中，我们不仅关注物品的体积，同时也应关注物品的质量。假设 m_i（$i=1,2,\cdots,n$）表示第 i 种物品的质量，M 表示背包中放置物品质量上限。此时，可将背包问题推广为在不超过背包的总体积与总质量的前提下，如何实现总价值最大化？其具体整数规划模型如下：

$$\max Z = \sum_{i=1}^{n} v_i x_i \tag{3.23}$$

模型 3.4　　　　　　$s.t. \quad \sum_{i=1}^{n} w_i x_i \leqslant W \tag{3.24}$

$$\sum_{i=1}^{n} m_i x_i \leqslant M \tag{3.25}$$

$$x_i = 0 \text{ 或 } 1, \quad i=1,2,\cdots,n \tag{3.26}$$

例 3.2：某物流公司从甲地运往乙地的产品数量为 n，每件产品的质量和体积分别为 m_i 和 w_i，已知该快递公司所用车辆的质量和体积上限分别为 M 和 W。问如何进行运算才能使所用到的车辆总数最少？

解：方法一：首先，确定要使用的车辆下限。可以计算出所有产品的总质量和总体积，分别为：

$$\sum_{i=1}^{n} m_i, \quad \sum_{i=1}^{n} w_i$$

则所用到的车辆下限 $V_{\min}$ 应大于 $\max\left\{\sum_{i=1}^{n} m_i/M, \sum_{i=1}^{n} w_i/W\right\}$

因车辆必须为整数，故所用到的车辆下限 $V_{\min}$ 为：

$$\max\left\{\left[\sum_{i=1}^{n} m_i/M\right]+1, \left[\sum_{i=1}^{n} w_i/W\right]+1\right\}, \text{ 如果} \begin{cases} \left[\sum_{i=1}^{n} m_i/M\right] \neq \sum_{i=1}^{n} m_i/M \\[2mm] \left[\sum_{i=1}^{n} w_i/W\right] \neq \sum_{i=1}^{n} w_i/W \end{cases}$$

$$\max\left\{\left[\sum_{i=1}^{n} m_i/M\right], \left[\sum_{i=1}^{n} w_i/W\right]+1\right\}, \text{ 如果} \begin{cases} \left[\sum_{i=1}^{n} m_i/M\right] = \sum_{i=1}^{n} m_i/M \\[2mm] \left[\sum_{i=1}^{n} w_i/W\right] \neq \sum_{i=1}^{n} w_i/W \end{cases}$$

$$\max\left\{\left[\sum_{i=1}^{n} m_i/M\right]+1, \left[\sum_{i=1}^{n} w_i/W\right]\right\}, \text{ 如果} \begin{cases} \left[\sum_{i=1}^{n} m_i/M\right] \neq \sum_{i=1}^{n} m_i/M \\[2mm] \left[\sum_{i=1}^{n} w_i/W\right] = \sum_{i=1}^{n} w_i/W \end{cases}$$

$$\max\left\{\left[\sum_{i=1}^{n} m_i/M\right],\ \left[\sum_{i=1}^{n} w_i/W\right]\right\},\ 如果 \begin{cases} \left[\sum_{i=1}^{n} m_i/M\right] = \sum_{i=1}^{n} m_i/M \\ \left[\sum_{i=1}^{n} w_i/W\right] = \sum_{i=1}^{n} w_i/W \end{cases}$$

其中，$\left[\sum_{i=1}^{n} m_i/M\right]$ 表示对中括号中的数字进行取整，其他公式中中括号也表示取整。

其次，在得知所用到的车辆下限 $V_{\min}$ 后，求解如下模型：

$$\min Z = 0 \tag{3.27}$$

模型 3.5 $s.t.$ $\displaystyle\sum_{i=1}^{n} w_i x_{ij} \leqslant W,\ j=1,\ 2,\ \cdots,\ V_{\min}$ (3.28)

$$\sum_{i=1}^{n} m_i x_{ij} \leqslant M,\ j=1,\ 2,\ \cdots,\ V_{\min} \tag{3.29}$$

$$\sum_{j=1}^{V_{\min}} x_{ij} = 1,\ i=1,\ 2,\ \cdots,\ n \tag{3.30}$$

$$x_{ij} = 0\ 或\ 1,\ i=1,\ 2,\ \cdots,\ n,\ j=1,\ 2,\ \cdots,\ V_{\min} \tag{3.31}$$

其中，x_{ij} 表示是否将第 i 件产品放在第 j 辆车上。

最后，判断模型 3.5 是否存在可行解。如果存在，则需要用到的车辆下限即为 $V_{\min}$；否则，$V_{\min}$ 逐步增加 1 直至找到满足模型 3.5 的最小车辆数为止。

方法二：假设用 y_j 来表示是否启用第 j 辆车，则在每件产品都能否放置到一辆车上时，用到的车辆上限为 n，从而我们可以建立如下最小化车辆总数的模型：

$$\min Z = \sum_{j=1}^{n} y_j \tag{3.32}$$

模型 3.6 $s.t.$ $\displaystyle\sum_{i=1}^{n} w_i x_{ij} \leqslant W,\ j=1,\ 2,\ \cdots,\ n$ (3.33)

$$\sum_{i=1}^{n} m_i x_{ij} \leqslant M,\ j=1,\ 2,\ \cdots,\ n \tag{3.34}$$

$$\sum_{j=1}^{n} x_{ij} = 1,\ i=1,\ 2,\ \cdots,\ n \tag{3.35}$$

$$x_{ij} \leqslant y_j,\ i,\ j=1,\ 2,\ \cdots,\ n \tag{3.36}$$

$$y_j,\ x_{ij} = 0\ 或\ 1,\ i=1,\ 2,\ \cdots,\ n,\ j=1,\ 2,\ \cdots,\ V_{\min} \tag{3.37}$$

其中，x_{ij} 表示是否将第 i 件产品放在第 j 辆车上。

虽然方法二的模型形式更为简洁，但决策变量和约束条件的数量相对较多，在大规模的情况下会受到求解速度和规模的限制。

3.5　MATLAB 求解整数规划

在早期版本的 MATLAB 软件中，可以通过 bintprog 命令来求解 0 - 1 规划模型，但并未提供整数规划求解函数。随着需求量的增加，近期版本的 MATLAB 软件中已经提供了混合整数规划模型的求解函数。同时，MATLAB 软件也与 CPLEX 等软件建立起了互通通道，在能够求解整数规划模型的同时，也有效提高了模型的求解速度。

MATLAB 软件中求解混合整数规划模型的函数为 intlinprog，其函数英文名称为：Mixed-integer linear programming（MILP）。

其函数的常用格式包括以下几种：

x = intlinprog(f,intcon,A,b)

x = intlinprog(f,intcon,A,b,Aeq,beq)

x = intlinprog(f,intcon,A,b,Aeq,beq,lb,ub)

x = intlinprog(f,intcon,A,b,Aeq,beq,lb,ub,options)

各函数的模型与参数解释与线性规划基本相同，但此处新增一个新的参数 intcon，它用于指定变量是否为整数。如果是整数则 intcon 中增入该变量的序号即可。当 intcon = [ ] 时，intlinprog 求解的是线性规划模型；当 intcon = 1 : n（n 是决策变量数量）时，intlinprog 为纯整数规划模型；当 intcon = 1 : n（n 是决策变量数量）且 lb 为全 0 矩阵，ub 为全 1 矩阵时，intlinprog 为 0 - 1 规划模型。

例 3.3：利用 intlinprog 函数求解下面的整数规划模型。

$$\min f = x_1 + 2x_2 \tag{3.38}$$

$$s.\,t.\quad x_1 + 1.5x_2 \leqslant 4 \tag{3.39}$$

$$-x_1 + 2x_2 = 3 \tag{3.40}$$

$$x_1,\ x_2 \geqslant 0\ 且为整数 \tag{3.41}$$

第 4 章

递归与迭代

在数学建模时，众多数据的生成与处理过程以及部分优化问题经常需要通过递归或迭代来实现。然而，递归与迭代思想的计算机实现对很多初学者而言是一个较难完成的任务。本章将深入分析这两个概念，并通过相关算例来进一步提高读者们的整体水平。

4.1 递归及其实例

4.1.1 递归的定义

所谓递归，就是程序在运行过程中允许调用自己的过程或函数。构成递归需要具备两个基本条件：
(1) 子问题须与原始问题为同样的事，且更为简单；
(2) 不能无限制地调用本身，必须有一个出口，化简为非递归状况处理。

4.1.2 递归实例

斐波那契数列（Fibonacci sequence），又称黄金分割数列，因数学家列昂纳多·斐波那契（Leonardoda Fibonacci）以兔子繁殖为例子而引入，故又称为"兔子数列"，指的是这样一个数列：1，1，2，3，5，8，13，21，34，……在数学上，斐波那契数列以如下递归的方法定义：$F(0) = 0$，$F(1) = 1$，$F(n) = F(n-1) + F(n-2)(n \geqslant 2, n \in N)$。其通项公式为：

$$a_n = \frac{1}{\sqrt{5}} \left[\left(\frac{1 + \sqrt{5}}{2} \right)^n - \left(\frac{1 - \sqrt{5}}{2} \right)^n \right]$$

其中，$\frac{1 + \sqrt{5}}{2}$ 和 $\frac{1 - \sqrt{5}}{2}$ 是一元二次方程 $x^2 - x - 1 = 0$ 的两个实根，$\frac{\sqrt{5} - 1}{2} = 0.618$ 即为黄金分割数。

例 4.1：试利用 MATLAB 编写斐波那契数列产生算法。

算法编写如下：

```
function y = fibo(n)
if n < 3
  y = 1;
else
  y = fibo(n - 1) + fibo(n - 2);
end
end
```

例 4.2：试利用递归算法编写由自然数 1 求和至自然数 n 的算法。

相关算法编写如下：

```
function y = sum1(n)
if n < 2
  y = 1;
else
  y = n + sum1(n - 1);
end
end
```

例 4.3：试利用递归算法生成 1 ~ n 的所有全排列矩阵。

在 MATLAB 命令窗口中输入 open perms 即可看到相关算法。

4.2　迭代及其实例

4.2.1　迭代的定义

迭代是重复反馈过程的活动，其目的是为了逼近所需目标或结果。每一次对过程的重复称为一次迭代，而每一次迭代得到的结果将被作为下一次迭代的初始值。

迭代算法是用计算机解决问题的一种基本方法。它利用计算机运算速度快、适合做重复性操作的特点，让计算机对一组指令（或一定步骤）进行重复执行。在每次执行这组指令（或这些步骤）时，都从变量的原值推出它的一个新值。

4.2.2　迭代实例

例 4.4：利用折半法和黄金分割法求解 $f(x) = x^3 + 2x^2 + 3x - 5$ 在 $[0, 1]$ 区

间上的根。

解：因函数 $f(x)$ 是连续函数，且 $f(0) = -5$，$f(1) = 1$，故根据零点存在定理，在 $[0, 1]$ 区间上存在一点 x_0 使得函数 $f(x_0) = 0$。以下是求解 x_0 点的折半算法基本步骤。

首先，建立如下函数 m 文件，并取名为 f. m。

```
function y = f(x)
y = x^3 + 2 * x^2 + 3 * x - 5;
end
```

其次，编写如下普通 m 文件并运行后即可得到对应误差的零点。

```
clear all
wc = 10^ - 6;
f_left = 0;
f_right = 1;
ddcs = 0;
while(f_right - f_left) > wc
  f_middle = (f_right + f_left)/2;
% f_middle = f_left + (f_right - f_left) * 0.618;
if f(f_middle) == 0
    x0 = f_middle;
break
else
if f(f_middle) * f(f_right) < 0
    f_left = f_middle;
else
    f_right = f_middle;
end
end
  ddcs = ddcs + 1;
end
x0 = f_middle;
ddcs
x0
```

最后，算法显示结果为：

```
ddcs =
  20
x0 =
  0.8946
```

即通过 20 次的迭代获取到了误差小于 10^{-6} 的零点 $x_0 = 0.8946$。

如果将折半法中的代码 f_middle = (f_right + f_left)/2; 修改为下面的注释代码，则可获取到黄金分割法结果。

思考：讨论黄金分割法和折半法的优劣，并说明原因。

例 4.5：利用迭代法求解全国大学生数学建模竞赛 2013 年 B 题 "碎纸片的拼接复原" 问题中的第一问。

解：算法基本步骤如下：

第一步：读取所有图片，并保存到指定矩阵中；

第二步：在所有图片矩阵中找到最左侧的图片，其特征是最左侧的几列应该是纯白色；

第三步：以最左侧的图片为初始拼接矩阵，从剩余的图片中找到图片最左侧与当前图片最右侧相关度最高的图片，并进行拼接；

第四步：如果已将所有图片拼接好，则循环结束，否则，新的拼接矩阵替换原来的拼接矩阵，并进行下一步的迭代，直至拼接好所有图片；

第五步：展示已拼接好的图片，查看是否正确，如果存在问题，需要进行人工干预。

相关算法如下：

```
clear all
tpgs = 19; % 图片个数
for j = 0:tpgs - 1
if(j < 10)
    index = ['00'num2str(j)];
else
    index = ['0'num2str(j)];
end
  uri = ['.\'index'.bmp'];      % 获取图片地址
  f(j + 1,:,:) = imread(uri);    % 读入图片
end
hs = length(f(1,:,1));
```

```matlab
ls = length(f(1,1,:));
% 获取最左侧图片
pjjz = []; % 拼接矩阵
for i = 1:tpgs
if sum(sum(f(i,:,1:2))) = =hs* 2* 255% 图像最左侧两列为纯白色
    pjjz = [pjjz i];
end
end
while length(pjjz) < tpgs
  xgd = 0;
for i = 1:tpgs
if sum(i = =pjjz) = =0% 在未拼接的图片中寻找
    fig_right = f (i,:, 1);
    fig_left = f (pjjz (length (pjjz)),:, 72);
    u = [fig_right; fig_left] ';
    u = double (u); % 强制类型转换, 否则无法计算相关度
    xgxs = corr (u);
if abs (xgxs (1, 2)) >xgd
    xgd = abs (xgxs (1, 2));
    next_fig = i;
end
end
end
  pjjz = [pjjz next_fig];
end
fig_all = [];
for i = 1: tpgs
  fig1 (:,:) = [f (pjjz (i),:,:)];
  fig_all = [fig_all fig1];
end
imshow (fig_all)
```

多学一招: 如何获取当前工作目录及前一个信息

```matlab
p1 = mfilename('fullpath')
```

```
i = findstr(p1,' \');
p1 = p1(1:i(end))
cd(p1)
```

4.2.3　迭代与递归的区别

　　虽然迭代与递归都属于循环的一种，但它们之间也存在一定的区别。递归是重复调用函数自身实现循环，而迭代是函数内某段代码实现循环。迭代与普通循环的区别在于，循环代码中参与运算的变量同时也是保存结果的变量，而迭代当前保存的结果则作为下一次循环计算的初始值。在递归循环中，遇到满足终止条件的情况时逐层返回来结束。迭代则使用计数器结束循环。

第 5 章

图与网络基础知识

5.1 图论基本概念

定义 5.1：有序三元组 $G = (V, E, \psi)$ 称为一个图。其中各符号定义如下：

（1）$V = (v_1, v_2, \cdots, v_n)$ 是一非空集合，称为顶点集，其中的元素叫作图 G 的顶点。

（2）E 是所有边构成的集合，其中的元素称为图 G 的边。

（3）ψ 是从边集 E 到顶点集 V 中的有序或无序的两个元素之间的映射，称为关联函数。

定义 5.2：在图 G 中，与 V 中的有序对偶 (v_i, v_j) 对应的边 e，称为图 G 的有向弧（或边），而与 V 中顶点的无序偶 (v_i, v_j) 对应的边 e，称为图 G 的无向边。每一条边都是无向边的图，称为无向图；每一条边都是有向弧的图，称为有向图；既有无向边又有有向弧的图称为混合图。

定义 5.3：如果图 G 中的每一条边 e 都对应一个实数 $w(e)$，则称 $w(e)$ 为该边的权，并称图 G 为赋权图。

定义 5.4：在无向图 $G = (V, E, \psi)$ 中，顶点与边相互交错且 $\psi(e_i) = v_{i-1}v_i$ $(i = 1, 2, \cdots, k)$ 的有限非空序列 $w = v_0 e_1, v_1 e_2, \cdots, v_{k-1} e_k v_k$ 称为一条从 v_0 到 v_k 的通路，记为 $W_{v_0 v_k}$。边不重复但顶点可重复的通路称为道路，记为 $T_{v_0 v_k}$。边与顶点均不重复的通路称为路径，记为 $P_{v_0 v_k}$。

定义 5.5：任意两点均有路径的图称为连通图，起点与终点重合的路径称为圈，连通而无圈的图称为树。

定义 5.6：设 $P = (u, v)$ 是赋权图 G 从 u 到 v 的路径，则称 $w(P) = \sum w(e)$ 为路径 P 的权。在赋权图 G 中，从顶点 u 到顶点 v 的具有最小权的路 $P^*(u, v)$，称为 u 到 v 的最短路。

5.2　最短路问题及其求解算法

5.2.1　固定起点的最短路问题

最短路有一个重要而明显的性质：最短路是一条路径，且最短路的任意一段也是最短路。假设在 $u_0 - v_0$ 的最短路中只取一条，则从 u_0 到其余顶点的最短路将构成一棵以 u_0 为根的树。因此，可采用树生长的过程来求指定顶点到其余顶点的最短路，实现这一过程的方法是迪杰斯特拉（Dijkstra）算法。

设 G 为赋权有向图或无向图，G 边上的权均为非负。

Dijkstra 算法：求图 G 中从顶点 u_0 到其余顶点的最短路。

S：具有永久标号的顶点。

对每个顶点，定义两个标记 $(l(v)，z(v))$，其中，$l(v)$ 表示从顶点 u_0 到 v 的一条路的权，$z(v)$ 表示 v 的父节点，用以确定最短路的路径。

算法的过程就是在每一步改进这两个标记，使最终 $l(v)$ 为从顶点 u_0 到 v 的最短路的权，输入为带权邻接矩阵 W。

第一步：赋初值：令 $S = \{u_0\}$，$l(u_0) = 0$，$\forall u \in S$，$\forall v \in \bar{S} = V \backslash S$，给顶点 u_0 标记为 $(0，u_0)$，此时

$$z(v) = u_0，l(u_0) = 0$$

第二步：更新 $l(v)$，$z(v)$：$\forall u \in S$，$\forall v \in \bar{S} = V \backslash S$，令

$$l(v) = l(u) + W(u，v)，z(v) = u$$

第三步：设 v^* 是使 $l(v)$ 取最小值的 $\bar{S}$ 中的顶点，则给 v^* 点标记 $(l(v^*)，z(v^*))$，并令

$$S = S \cup \{v^*\}$$

并进入下一步，如果存在多个取最小值的 v^*，则任选其一进行标记或同时进行标记均可。

第四步：若 $\bar{S}$ 非空，转第二步；否则，停止。

上述算法求出的 $l(v)$ 就是 u_0 到 v 的最短路的权，从 v 的父节点标记 $z(v)$ 追溯到 u_0，就得到 u_0 到 v 的最短路的路径。

5.2.2　每对顶点之间的最短路

求每对顶点之间最短路的算法是弗洛伊德（Floyd）算法。

5.2.2.1　算法的基本思想

采用在图的带权邻接矩阵中插入顶点的方法依次构造出 n 个矩阵 $D^{(1)}$，$D^{(2)}$，…，

$D^{(n)}$，使最后得到的矩阵 $D^{(n)}$ 成为图的距离矩阵，同时也求出插入点矩阵以便得到两点间的最短路径。

5.2.2.2 算法原理

（1）获取距离矩阵的方法。

把带权邻接矩阵 W 作为距离矩阵的初值，即 $D^{(0)} = (d_{ij}^{(0)})_{n \times n} = W$。

①$D^{(1)} = (d_{ij}^{(1)})_{n \times n}$，其中 $d_{ij}^{(1)} = \min\{d_{ij}^{(0)}, d_{i1}^{(0)} + d_{1j}^{(0)}\}$，$d_{ij}^{(1)}$ 是从 v_i 到 v_j 允许以 v_1 作为中间点的路径中最短路的长度。

②$D^{(2)} = (d_{ij}^{(2)})_{n \times n}$，其中 $d_{ij}^{(2)} = \min\{d_{ij}^{(1)}, d_{i2}^{(1)} + d_{2j}^{(1)}\}$，$d_{ij}^{(2)}$ 是从 v_i 到 v_j 允许以 v_1，v_2 作为中间点的路径中最短路的长度。

......

ⓝ $D^{(n)} = (d_{ij}^{(n)})_{n \times n}$，其中 $d_{ij}^{(n)} = \min\{d_{ij}^{(n-1)}, d_{in}^{(n-1)} + d_{nj}^{(n-1)}\}$，$d_{ij}^{(n)}$ 是从 v_i 到 v_j 允许以 v_1，v_2，$\cdots$，v_n 作为中间点的路径中最短路的长度，即是从 v_i 到 v_j 中间可插入任何顶点的路径中最短路的长度，因此 $D^{(n)}$ 即是距离矩阵。

（2）求路径矩阵的方法。

在建立距离矩阵的同时可建立路径矩阵 R，$R = (r_{ij})_{n \times n}$，$r_{ij}$ 含义是从 v_i 到 v_j 的最短路要经过点号为 r_{ij} 的点。

$$R^{(0)} = (r_{ij}^{(0)})_{n \times n}, \quad r_{ij}^{(0)} = j$$

每求得一个 $D^{(k)}$ 时，按下列方式产生相应的新的 $R^{(k)}$：

$$r_{ij}^{(k)} = \begin{cases} k & \text{如果 } d_{ij}^{(k-1)} > d_{ik}^{(k-1)} + d_{kj}^{(k-1)} \\ r_{ij}^{(k-1)} & \text{否则} \end{cases}$$

即当 v_k 被插入任何两点间的最短路径时，被记录在 $R^{(k)}$ 中，依次求 $D^{(n)}$ 时求得 $R^{(n)}$，可由 $R^{(n)}$ 来查找任何点对之间最短路的路径。

（3）查找最短路径的方法。

若 $r_{ij}^{(n)} = p_1$，则点 p_1 是点 i 到点 j 的最短路的中间点，然后用同样的方法再分头查找，若

①向点 i 追溯得：$r_{ip_1}^{(n)} = p_2$，$r_{ip_2}^{(n)} = p_3$，$\cdots$，$r_{ip_{k-1}}^{(n)} = p_k$

②向点 j 追溯得：$r_{p_1j}^{(n)} = q_1$，$r_{q_1j}^{(n)} = q_2$，$\cdots$，$r_{q_{m-1}j}^{(n)} = q_m$，$r_{q_mj}^{(n)} = j$

则由点 i 到点 j 的最短路的路径为：i，p_k，$\cdots$，p_2，p_1，q_1，q_2，$\cdots$，q_m，j。

5.2.2.3 算法步骤

Floyd 算法：求任意两点之间的最短路，假定其带权邻接矩阵为 W，$D(i, j)$：i 到 j 的距离，$R(i, j)$：i 到 j 之间的插入点。

算法的具体步骤如下：

第一步：赋初值：$w(i, j) \rightarrow d(i, j)$，$j \rightarrow r(i, j)$，$1 \rightarrow k$，$\forall i, j$

第二步：更新 $d(i, j)$，$r(i, j)$，$\forall i, j$，若 $d(i, k) + d(k, j) < d(i, j)$，则：
$$d(i, j) \rightarrow d(i, k) + d(k, j)，k \rightarrow r(i, j)$$

第三步：若 $k = v$，则停止，否则 $k \rightarrow k + 1$，转第二步。

例 5.1：试求各顶点之间的最短路径，如图 5 – 1 所示。

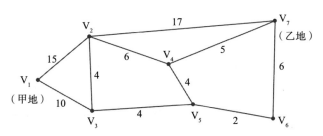

图 5 – 1 甲地至乙地的连接关系

解：首先，建立如下函数 m 文件：

```
function[D,R] = Floyd(a)
n = size(a,1);
D = a;
for i = 1:n
for j = 1:n
    R(i,j) = j;
end
end
for k = 1:n
for i = 1:n
for j = 1:n
if D(i,k) + D(k,j) < D(i,j)
        D(i,j) = D(i,k) + D(k,j);
        R(i,j) = R(i,k);
end
end
end
end
```

其次，输入如下节点间的带权邻接矩阵：

```
A =[0 15 10 inf inf inf inf
    15 0 4 6 inf inf 17
    10 4 0 inf 4 inf inf
    Inf 6 inf 0 4 inf 5
    Inf inf 4 4 0 2 inf
    Inf inf inf inf 2 0 6
    Inf 17 inf 5 inf 6 0];
```

在带权邻接矩阵中，每个节点与自己的距离定义为0。当两个节点之间有直接连线时，其距离赋值为连线上的数字，当不直接连接时赋值为 inf。

最后，在命令窗口中录入 [D, R] = Floyd(A) 即可获得节点之间的最短路径。如果想进一步获取节点间最短路径对应的线路，则首先编写如下函数 m 文件：

```
function xl = zdxl(n,m,R)% n 为始点,m 为终点
jdgs = length(R);
flag1 =0;
flag2 =0;
zjd1 =R(n,m);
zjd2 =R(n,m);
xlz =[];
xly =[];
if R(n,m) = =n|R(n,m) = =m
  xl =[n m];
else
  xlz =[n];
  xly =[m];
while flag1 = =0
    xlz =[xlz zjd1];
if R(n,zjd1) = =n|R(n,zjd1) = =zjd1
        flag1 =1;
else
        zjd1 =R(n,zjd1);
end
end
```

```
while flag2 = =0
    xly(length(xly)) =R(zjd2,m);
if R(zjd2,m) = =m|R(zjd2,m) = =zjd2
        flag2 =1;
else
        zjd2 =R(zjd2,m);
        xly(length(xly) +1) =m;
end
end
  xl =[xlz xly];
end
```

在求得 R 矩阵后在命令窗口中录入 xl = zdxl(n，m，R) 即可获得节点 n 与节点 m 之间的最短路径。例如在例 5.1 的基础之上，进一步在命令窗口中录入 xl = zdxl(3，7，R) 即可获得节点 3 与节点 7 之间的最短线路。

```
xl =
   3  5  6  7
```

5.3　最小生成树问题

树是图论中的重要概念，所谓树就是一个无圈的连通图。

给定一个无向图 G = (V，E)，我们保留 G 的所有点，而删掉部分 G 的边或者说保留一部分 G 的边，所获得的图 G，称为 G 的生成子图。

如果图 G 的一个生成子图还是一个树，则称这个生成子图为生成树。最小生成树问题指的是在一个赋权的连通的无向图 G 中找出一个生成树，并使得这个生成树所有边的权数之和最小。

5.3.1　求解最小生成树的破圈算法

对于给定的连通图，考虑如何去掉其中的若干条边，使得去掉这些边后的生成子图成为最小生成树。求解这一问题的算法的基本步骤如下：

第一步：在给定的赋权连通图上任意找到一个圈。

第二步：在所找到的圈中去掉一条权数最大的边（如果有两条或两条以上的边都是权数最大的边，则任意去掉其中一条）。

第三步：如果剩余的图已不包含圈，则计算结束，此时剩余的图即为最小生成树；否则返回第一步。

例 5.2：利用破圈算法求图 5-1 所生成的最小生成树。

解：首先，找到一个圈 $v_1 - v_2 - v_3 - v_1$，并删除边 $v_1 - v_2$；其次，在第一步基础之上再找到一个圈 $v_2 - v_4 - v_7 - v_2$，并删除边 $v_2 - v_7$，然后，在第一步和第二步的基础之上再找到一个圈 $v_2 - v_3 - v_5 - v_4 - v_2$，并删除边 $v_2 - v_4$；最后，在前三步的基础之上再找到一个圈 $v_4 - v_5 - v_6 - v_7 - v_4$，并删除边 $v_6 - v_7$。通过上述四步迭代，最终获取到如图 5-2 所示的最小生成树。

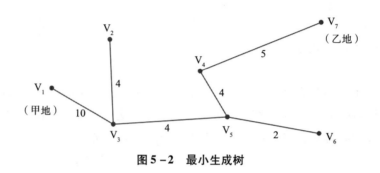

图 5-2 最小生成树

5.3.2 利用给定点生成最小生成树

在一些管理问题中，可能事先还未建立好各节点之间的链接关系，例如局域网的设定，交通网络的建设等。针对这类问题可采用以下算法：

第一步：任意选定一个初始链接点，构建已链接点的集合和未链接点的集合；

第二步：在未链接点的集合中，找到一个与已链接点或链接点集合中的某一节点距离最短的点；

第三步：保存节点之间的链接关系，并在已链接点的集合中增加新的节点，从未链接节点集合中删除此节点；

第四步：判断未连接点的集合是否为空，如果为空集合，则迭代结束；否则，转到第二步。

例 5.3：假设我们已经得知我国 31 个省份的典型位置，如图 5-3 所示。试利用这 31 个点生成最小生成树。

解：相关程序在电子资源第 5 章文件夹中，文件名为 zxscs。[①] 该算法套用了第 5 章程序里计算两点间经纬度距离的函数 dis_count。

---

① 本章电子资源可发邮件至前言中提及的邮箱索取。

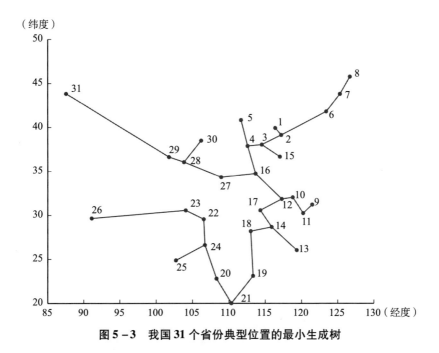

图 5 - 3　我国 31 个省份典型位置的最小生成树

5.4　最大流问题

随着我国城市规模的不断扩大，交通拥堵问题、排水拥堵问题陆续出现，并呈现恶化趋势。这些问题本质上是最大流问题的推广形式。

传统的最大流问题是指在给定的带收发点的网络及其对应弧容量下，找到不超过每条弧容量的发点到收点的最大流量。

对于仅有一个发点和一个收点的最大流问题，可以通过建立相应的线性规划模型加以求解。然而，对于具有多个发点和多个收点的最大流问题，需要引入相关算法来求解所有可能的线路，并通过建立相关模型或算法加以求解。下文将提供某一种求解任意顶点到出口的所有线路求解算法。该算法可用于排水系统的设计、交通流的计算等领域。

5.4.1　单个发点与收点的最大流问题

单个发点与收点的最大流问题是指从一个节点到另外一个节点的最大流计算问题。因从一个节点到另一个节点之间的路径可能不止一个，故如何选择合理的传送方式，使得从发点到收点的流量实现最大化就是最大流问题。单个发点与单个收点的最大流问题的最优化模型如以下线性规划模型所示：

$$\max z = \sum_{i=1}^{n} r_i \tag{5.1}$$

模型 5.1　　　 $s.t.$ 　　$\sum_{i \in J} r_i \leqslant k_j,\ i = 1,\ 2,\ \cdots,\ n,\ j = 1,\ 2,\ \cdots,\ m$ 　(5.2)

$$r_i \geqslant 0 \tag{5.3}$$

其中，n 为发点到收点的线路数量，m 为传输网络中边的总数，J 为所有路过第 j 条边的线路构成的集合。

例 5.4： 在如图 5-4 所示的交通网络中，试求出 4 号节点到 11 号节点的所有路线，其中，假定从始点走向终点时每次行走点的选择总会离终点更近。

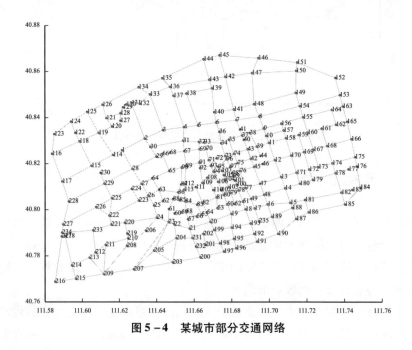

图 5-4　某城市部分交通网络

解： 利用 MATLAB 软件进行求解可以得到节点 4 到节点 11 的 24 条线路，其中最短线路为：$4 \rightarrow 5 \rightarrow 6 \rightarrow 7 \rightarrow 8 \rightarrow 9 \rightarrow 10 \rightarrow 11$，最短距离为：0.0528。相关程序在电子资源第 5 章文件夹中，文件名为：xl_all。

例 5.5： 图 5-5 中给出了某城市地下主要排水管道的排水情况示意。试求 4 号点到 2 号点的最大流。

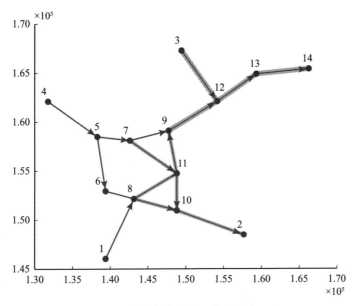

图 5 - 5　某城市地下主要排水网络示意

解：利用 MATLAB 软件可绘制出如图 5 - 5 的某城市地下主要排水网络示意图，并进行求解得到 4 号点到 2 号点的最大流。相关程序在电子资源第 5 章文件夹中，文件名为：zuidaliu_1. m。

其最终运行结果为：

```
max_ll =
    5000
xl_rk =
  4  5  6  8  10  2  0
  4  5  7  11  10  2  0
  4  5  6  8  11  10  2
x =
    5000
       0
       0
```

5.4.2　多个发点与收点的最大流问题

多个发点与收点的最大流问题的基本模型与单个发点与单个收点的最大流问

题基本类似。只需要将原来的从单个发点到单个收点的所有路径集合修改为多个发点和多个收点的所有路径即可。

在前文的 zuidaliu_1. m 算法中提供了各节点到出口 2 和出口 4 的所有线路信息。相关数据如表 5-1 所示。

表 5-1　　　　　　　　　　各节点至出口的所有线路

编号	1	2	3	4	5	6	7	8	9
1	1	8	10	2					
2	1	8	11	10	2				
3	1	8	11	9	12	13	14		
4	2								
5	3	12	13	14					
6	4	5	6	8	10	2			
7	4	5	7	11	10	2			
8	4	5	6	8	11	10	2		
9	4	5	7	9	12	13	14		
10	4	5	7	11	9	12	13	14	
11	4	5	6	8	11	9	12	13	14
12	5	6	8	10	2				
13	5	7	11	10	2				
14	5	6	8	11	10	2			
15	5	6	9	12	13	14			
16	5	7	11	9	12	13	14		
17	5	6	8	11	9	12	13	14	
18	6	8	10	2					
19	6	8	11	10	2				
20	6	8	11	9	12	13	14		
21	7	11	10	2					
22	7	9	12	13	14				
23	7	11	9	12	13	14			

续表

编号	1	2	3	4	5	6	7	8	9
24	8	10	2						
25	8	11	10	2					
26	8	11	9	12	13	14			
27	9	12	13	14					
28	10	2							
29	11	10	2						
30	11	9	12	13	14				
31	12	13	14						
32	13	14							
33	14								

5.4.3　最小费用最大流问题

最小费用最大流问题是指在实现最大流的基础之上进一步考虑管道的运输费用的最小化。相关模型如下：

$$\min z = \sum_{i=1}^{n} c_i \sum_{i \in J} r_i \tag{5.4}$$

$$s.t. \quad \sum_{i \in J} r_i \leqslant k_j, \ i = 1, 2, \cdots, n, \ j = 1, 2, \cdots, m \tag{5.5}$$

$$\sum_{i=1}^{n} r_i = \max\_zdl \tag{5.6}$$

$$r_i \geqslant 0 \tag{5.7}$$

5.5　复杂网络及其统计特征计算方法

5.5.1　度和度分布

对于无向网络而言，节点的度是指与该节点具有连接关系的边的总数。所有节点的度在各个整数点处的频数分布称为度分布。度为奇数的点称为奇点，度为偶数的点称为偶点，度为零的点称为孤立点，度为一的点称为悬挂点。

在无向图 5-6 中，节点 v_1 度为 2，v_1、v_4 和 v_9 为偶点，其他六个点为奇点，

v_9 是孤立点，v_8 是悬挂点。

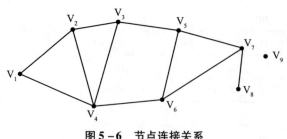

图 5-6   节点连接关系

相关例子在电子资源第 5 章文件夹中，文件名为：fzxt。

5.5.2 介数

介数通常分为节点介数和边介数两种。节点介数的定义为网络中所有最短路径中经过该节点的路径的数目占最短路径总数的比例；边介数的定义为网络中所有最短路径中经过该边的路径数目占最短路径总数的比例。

显然对于孤立点而言其介数必然为零，相关程序在电子资源第 5 章文件夹中，文件名为：fzxt。

5.5.3 聚类系数

在一个无向网络中，节点的聚类系数定义为该节点能够直接与其他节点构成三角形的数量占据所有可能构成三角形的数量的比率。在图 5-6 中，节点 v_1 的聚类系数为 1，节点 v_5 的聚类系数为 1/3。

5.5.4 复杂网络中的最短路

第 5.2 节中提供了求解两个顶点或任意两个顶点之间的最短距离的算法。一般情况下，我们都假定具有直接连接关系的两点之间的距离为欧氏距离，但通常两点之间的距离是存在差异的。

如果我们假定具有直接连接关系的两点之间的距离都统一定义为 1，则此时任意两个顶点之间的距离就被称为复杂网络中的最短距离。显然，复杂网络中的最短距离所关注的是从一个节点到达另一个节点时所经过的节点个数，经过节点个数最少的那条线路即为复杂网络中的最短距离。

第6章

运输问题及其推广形式

运输问题是人类经济社会发展过程中起到至关重要作用的线性规划问题。我国作为世界人口大国，其人口分布的不均匀性以及各省份发展水平的差异性，导致各种物资的运输成为人们安居乐业的重要环节。然而，由于运输问题本身的复杂性以及运输工作者对运输问题认知程度的差异性，众多运输问题的效率并未实现或接近最优。随着全民素质的不断提高及我国信息化水平的推进，今后对先进运输方法的需求将不断提高。

6.1 经典运输问题

6.1.1 运输问题基本模型

在实际运输问题中所涉及的运输模型较多，不同书籍中包含了不同运输问题的相关模型，其中较为常见的运输模型如下所示：

某物资有 m 个产地 A_i，产量为 a_i，$i = 1, 2, \cdots, m$；有 n 个销地 B_j，销量分别为 b_j，$j = 1, 2, \cdots, n$；从 A_i 到 B_j 之间的单位物资运价为 d_{ij}；x_{ij} 表示从产地 A_i 到销地 B_j 的货运量。则产销平衡时有：

$$\sum_{i=1}^{m} a_i = \sum_{j=1}^{n} b_j$$

产销平衡运输问题的最优化模型如下：

$$\min Z = \sum_{i=1}^{m} \sum_{j=1}^{n} d_{ij} x_{ij} \tag{6.1}$$

$$s.t. \quad \sum_{j=1}^{n} x_{ij} = a_i, \ i = 1, 2, \cdots, m \tag{6.2}$$

$$\sum_{i=1}^{m} x_{ij} = b_j, \ j = 1, 2, \cdots, n \tag{6.3}$$

$$x_{ij} \geqslant 0, \ i = 1, 2, \cdots, m, \ j = 1, 2, \cdots, n \tag{6.4}$$

当产量大于销量时，即：

$$\sum_{i=1}^{m} a_i > \sum_{j=1}^{n} b_j$$

时，只需将所需产品运到所有销地即可，而不需要将所有产品全部运输完毕。此时，原运输问题的最优化模型如下：

$$\min Z = \sum_{i=1}^{m} \sum_{j=1}^{n} d_{ij} x_{ij} \tag{6.5}$$

$$s.t. \quad \sum_{j=1}^{n} x_{ij} \leq a_i, \ i = 1, \ 2, \ \cdots, \ m \tag{6.6}$$

$$\sum_{i=1}^{m} x_{ij} = b_j, \ j = 1, \ 2, \ \cdots, \ n \tag{6.7}$$

$$x_{ij} \geq 0, \ i = 1, \ 2, \ \cdots, \ m \quad j = 1, \ 2, \ \cdots, \ n \tag{6.8}$$

当销量大于产量时，即：

$$\sum_{i=1}^{m} a_i < \sum_{j=1}^{n} b_j$$

时，只需将所有产品运输完毕，可能存在运输下限要求，不妨假定 c_j 为每个销地的运输下限。此时，原运输问题的最优化模型如下：

$$\min Z = \sum_{i=1}^{m} \sum_{j=1}^{n} d_{ij} x_{ij} \tag{6.9}$$

$$s.t. \quad \sum_{j=1}^{n} x_{ij} = a_i, \ i = 1, \ 2, \ \cdots, \ m \tag{6.10}$$

$$\sum_{i=1}^{m} x_{ij} \leq b_j, \ j = 1, \ 2, \ \cdots, \ n \tag{6.11}$$

$$\sum_{i=1}^{m} x_{ij} \geq c_j, \ j = 1, \ 2, \ \cdots, \ n \tag{6.12}$$

$$x_{ij} \geq 0, \ i = 1, \ 2, \ \cdots, \ m \quad j = 1, \ 2, \ \cdots, \ n \tag{6.13}$$

通过引进新的变量可将上述三个模型统一写成如下形式：

$$\min Z = \sum_{i=1}^{m} \sum_{j=1}^{n} d_{ij} x_{ij} \tag{6.14}$$

$$s.t. \quad \sum_{j=1}^{n} x_{ij} + \delta_1 y_i = a_i, \ i = 1, \ 2, \ \cdots, \ m \tag{6.15}$$

$$\sum_{i=1}^{m} x_{ij} + \delta_2 z_j = b_j, \ j = 1, \ 2, \ \cdots, \ n \tag{6.16}$$

$$\sum_{i=1}^{m} x_{ij} \geq c_j, \ j = 1, \ 2, \ \cdots, \ n \tag{6.17}$$

$$x_{ij} \geq 0, \ y_i \geq 0, \ z_j \geq 0, \ i = 1, \ 2, \ \cdots, \ m \quad j = 1, \ 2, \ \cdots, \ n \tag{6.18}$$

$$\delta_1 = 0 \text{ 或 } 1, \quad \delta_2 = 0 \text{ 或 } 1 \tag{6.19}$$

当 $\delta_1 = 0$，$\delta_2 = 0$ 时，模型为产销平衡的运输问题最优化模型；当 $\delta_1 = 1$，$\delta_2 = 0$ 时，模型为产量大于销量时的运输问题的最优化模型；当 $\delta_1 = 0$，$\delta_2 = 1$ 时，模型为销量大于产量的运输问题的最优化模型。

6.1.2 运输问题实例演示

例 6.1：某公司从 6 个产地将物品运往 10 个销地，各产地产量和各销地销量以及各产地运往各销地的每件物品的运输费如表 6－1 所示。应如何组织运输，使运输费用最小？

表 6－1 产销量及运输费用

产地	销地										产量/件
	B1	B2	B3	B4	B5	B6	B7	B8	B9	B10	
A1	5	10	20	4	20	1	14	14	4	9	20
A2	14	16	14	20	18	7	14	11	8	12	200
A3	8	12	4	12	2	16	9	13	10	14	100
A4	3	13	19	5	13	9	5	14	9	15	100
A5	3	1	20	12	4	7	10	21	19	19	300
A6	20	3	15	19	20	1	17	16	11	8	200
销量上限/件	120	150	200	180	160	150	140	100	80	120	
销量下限/件	30	50	70	80	140	60	80	80	80	90	

利用相关软件计算获得的结果如表 6－2 所示。

表 6－2 产地至销地的具体运量数据

产地	销地									
	B1	B2	B3	B4	B5	B6	B7	B8	B9	B10
A1	0	0	0	20	0	0	0	0	0	0
A2	0	0	0	0	0	0	15	80	80	25
A3	0	0	70	0	30	0	0	0	0	0
A4	0	0	0	60	0	0	40	0	0	0
A5	30	135	0	0	110	0	25	0	0	0
A6	0	0	0	0	0	135	0	0	0	65

6.2 运输问题的推广形式

随着网购的普及，传统的运输问题发生了一定的变化。许多地区都从单一的产地或销地转化为既是产地又是销地的情况。因此，传统的选址模型可以进一步推广为以下形式：

N 表示仓库总量；

M 代表产品种类总数；

d_{ij} 代表第 i 个仓库到第 j 个仓库的距离；

D_k 代表第 k 种产品的单位运输费用；

Y_k 代表第 k 种产品的单位装卸费用；

B_{ik} 代表第 i 个仓库中第 k 种产品的需求量；

C_{jk} 代表第 j 个仓库中第 k 种产品的库存量。

令 x_{ijk} 表示从第 i 个仓库运往第 j 个仓库的第 k 种产品的数量，则可建立如下最优化模型：

$$\min \sum_{i=1}^{N} \sum_{j=1}^{N} \sum_{k=1}^{M} (D_k d_{ij} + Y_k) x_{ijk} \tag{6.20}$$

$$s.t. \quad \sum_{j=1}^{N} x_{ijk} = B_{ik}, \quad \forall i = 1, 2, \cdots, N, \ k = 1, 2, \cdots, M \tag{6.21}$$

$$\sum_{i=1}^{N} x_{ijk} \leqslant C_{jk}, \quad \forall j = 1, 2, \cdots, N, \ k = 1, 2, \cdots, M \tag{6.22}$$

$$x_{ijk} \geqslant 0, \quad \forall i, j = 1, 2, \cdots, N, \ k = 1, 2, \cdots, M \tag{6.23}$$

```
function[x,y] = jd(b,c,d,D,e)
% b 需求量,c 库存量,d 最短距离,D 单位运输费用,e 单位装卸费用
n = length(c(:,1));
m = length(c(1,:));
if sum(size(c) == size(b)) == 2
  sum1 = 1;
for i = 1:n
for j = 1:n
for k = 1:m
        deci(sum1,1:4) = [sum1 i j k];
        f(sum1) = D(k) * d(i,j) + e(k);
        sum1 = sum1 + 1;
```

```
end
end
end
  y = deci;
  b = b';
  c = c';
  beq = b( : );
  b = c( : );
  a = zeros( n* m,length( deci( :,1 )));
  aeq = zeros( n* m,length( deci( :,1 )));
  sum1 = 0;
for j = 1:n
for k = 1:m
         sum1 = sum1 + 1;
for i = 1:length( deci( :,1 ))
if deci( i,3 ) = = j&deci( i,4 ) = = k
              aeq( sum1,i ) = 1;
end
if deci( i,2 ) = = j&deci( i,4 ) = = k
              a( sum1,i ) = 1;
end
end
end
end
else
'Data error! '
end
vlb = zeros( length( deci( :,1 )),1 );
vub = [ ];
% f = ones( length( deci( :,1 )),1 );
[ x,y ] = linprog( f,a,b,aeq,beq,vlb,vub );
```

第 7 章

物流网络基础数据的采集与标准化处理

随着各大互联网公司的快速兴起，众多物流企业拥有了自己的庞大人才梯队和高科技管理信息系统。这些信息系统中存有大量的物流基础数据，包括物流需求量、运输量、交通网络状况、人员基础信息等。同时，这些数据都可以快速抓取。这为我们更好地利用数据展开更为科学的决策提供了许多便利。

无论是在物流选址还是在调度过程中都离不开交通网络相关数据。本章中将提出如何获取物流网络基础数据，并展开初步分析讨论。随着 GPS 导航技术和北斗导航技术的完善，目前在有充足经费的前提下，获取城区乃至全世界的交通网络基础数据已经不再是难题。本章将初步介绍如何免费获取交通网络数据的简单方法。

7.1 调度区域交通网络数据的获取

以某市二环以内城区交通网络数据获取为例，步骤如下：

第一步：利用网络地图获取城区各十字路口的经纬度信息，并对其进行编号。

进入网络地图，确定该市二环以内城区的范围，找到各个十字路口，分别用鼠标点击，获取经纬度坐标信息。将这些点依次进行顺序编号，并调整编号，尽量使临近点的编号除以 8 的余数不同，便于生成图形展示。

第二步：根据城区道路信息获取各十字路口之间的连接信息。

所谓连接信息是指相邻两个路口之间的距离信息，找到需要测量的两个十字路口，将指针放置在其中一个十字路口上，右击后会出现"测量距离"，点击此菜单，然后再点击另一个十字路口的位置，这样就会自动显示两点之间的距离。以此方法分别获取各相邻十字路口的距离。

第三步：绘制城区交通网络图。

获取各个十字路口的编号和连接信息后，可将其存储到 Excel 表格中，然后利用 MATLAB 软件编写相关算法生成城区的交通网络图。

第四步：生成城区交通网络带权邻接矩阵。

根据各十字路口的连接信息获取城区交通网络带权连接矩阵，并编写任意两个顶点之间最短路矩阵的算法。

第五步：利用 Floyd 算法生成城区任意两个十字路口之间的最短距离。

7.2　调度区域业务量的获取与预测

在给定的条件下，选择一个最好的预测方法并不是一项简单的任务。在很多情况下，需求预测问题有多种方法可供选择，同样的方法针对不同的问题预测效果不一。所以，进行预测时要充分考虑预测方法所使用的条件，使所选择的预测方法实际有效。因此，需求预测研究必须解决如何针对不同问题的特征和预测方法的前提和条件假设选择合适的预测方法的问题。

7.2.1　各节点具有业务抽样信息时的业务量预测方法

7.2.1.1　专家判断法

所谓专家判断法，就是聚集一些比较熟悉行业情况的专家和学者，以大量的历史数据作为分析基础，依据一定的理论和经验进行预测的方法。目前，对节点业务的预测主要采用会议法和德尔菲法这两种专家判断的方法。专家判断法属于定性分析方法，当各节点具有大量业务抽样信息时，可以采用该方法进行业务量预测。

（1）会议法是召集业内知名的专家和相关人员开会，根据已有的相关资料进行交流、分析和探讨，发表各自的看法和意见，最后总结出一个所有人都一致认同的意见，从而得出最终的预测结果。这种方法虽然简单易行，但容易受到权威性意见的影响，同样也不利于发挥专家和学者独立思考的作用，预测的结果相对欠佳，具有一定的片面性。

（2）德尔菲法是为了避免会议法中受到权威性意见的影响，采用不记名的通信方式，向行业内各方面征求对预测业务的意见，通过多次信息的交换、交流和探讨逐渐达成一致的意见，得出最终的预测结果。

除此之外，还可以通过分析影响因素，列出关系方程，即采用回归预测的方法进行行业业务量预测，但是在数据量小、影响因素之间关系复杂且信息不透明的情况下很难实现。

7.2.1.2　回归分析预测法

回归分析预测法是通过建立回归方程，利用因素之间的因果关系进行预测。

该方法具有使用方便，能进行长期预测且预测精度较高的特点。

回归分析预测方法的步骤如下：

第一步：分析变量的影响因素，确定主要因素及其影响程度；

第二步：利用历史数据建立预测变量与主要影响因素之间的回归方程；

第三步：利用回归方程对历史数据进行拟合，并对模型进行精度检验；

第四步：把预测期各主要影响因素的指标值，带入回归方程进行预测。

7.2.1.3　指数平滑法

指数平滑法最早是由霍尔特（C. C. Holt）在 1958 年提出的，最初只应用于无趋势、非季节性的时间序列的分析。后来，经过统计学家的深入研究和发展，指数平滑法涉及的数据内部构成更加丰富，相应的数据处理方法也更多。指数平滑法的估计是非线性的，其目标是使预测值和实际值之间的均方误差（MSE）最小。在不同的模型中，参数的取值范围是在 0 ~ 1。当参数取值为 1 时，预测值等于最新的观测值。因此，通过调节参数值的大小可得到不同的预测结果。判断预测结果的好坏标准是看输出结果中的误差平方和（SSE）的大小，误差平方和越小，预测值同实际的吻合度越高。调节参数的大小，计算出不同平滑参数下的 SSE，寻找 SSE 最小的最佳模型。指数平滑法是以最新误差的修正值对下一期预测值进行修正，因此它总能跟踪实际数据的任一趋向。

相对于加权移动平均法，指数平滑法在权数的确定上有所改进，可带来较为理想的短期预测精度。但是，指数平滑法并不像其他短期预测方法那样，需要有大量数据才能应用，且它对数据的要求也比较低。

7.2.1.4　神经网络法

神经网络法是一种模拟人脑神经信息处理方式的机器学习工具，最初由心理学家和神经生物学家提出。它是一组通过某种结构连接的输入/输出单元，其中每个连接都对应一个权值。对于一个机器学习问题，首先选择神经网络结构，然后利用训练数据进行学习。在学习阶段，通过训练调整神经网络的权值矩阵，使得对样本的预测或分类的正确率达到最大，训练后的神经网络可以对未知样本进行分类或预测。神经网络的模型有很多，如反向传播（BP）神经模型和径向基函数（RBF）神经网络模型。

7.2.1.5　时间序列外推法

时间序列外推法就是将收集起来的历史资料数据按顺序排列，从中寻找出预测对象随着时间的变化而表现出的规律以及发展趋势，进而建立恰当的数学模型，经过对模型的加工处理后得出预测结果。时间序列外推法适用于用户比较稳定、弹性相对较小的邮电通信业务量的预测。主要有两种常用的预测方法：简单移动平均法和加权移动平均法。

简单移动平均法是一种算术平均法，是利用近期各个节点业务量的平均值作为预测下一期节点的业务量。而加权移动平均法则对各部分采取不同权重，两者可以统一。计算公式如下所示：

$$F_t = \sum_{i=t-N}^{t-1} \alpha_i D_i$$

其中，F_t 表示 t 期的加权预测值，α_i 表示第 i 期的权数，α_i 值必须满足：

$$\sum_{i=t-N}^{t-1} \alpha_i \text{ 且 } 0 \leqslant \alpha_i \leqslant 1$$

7.2.1.6　灰色关联度法

在节点处，由于各种原因可能会导致业务量数据不全或不明确，从而使各要素的关联度和主次关系不明确。此时，对节点业务量的预测，可以采用灰色关联度法进行。

灰色关联度的意义在于对系统的数据资料不全面或不明确时进行因子之间的量化和序化，进而对系统进行分析。灰色理论认为虽然系统的行为现象比较模糊，数据也比较复杂，但它毕竟是有序的，也是有整体功能的。灰数的生成，就是从杂乱中寻找出规律。同时，灰色理论建立的是生成数据模型，而不是原始数据模型，因此，灰色预测的数据是采用生成数据的 GM(1，1) 模型对所得到的预测值进行逆处理的结果。

灰色预测方法建立的模型是否合格必须要经过检验，只有通过检验的模型才能用于预测。检验 GM(1，1) 模型的精度，一般采用残差检验和后验差检验等检验方法。只有通过检验的 GM(1，1) 才能进行预测。若检验不合格，则可以建立残差 GM(1，1) 模型进行修正，直到满足精度为止。

当然，当各节点具有少量业务抽样信息时，也可以使用其他一些方法进行预测。

7.2.2　各节点无以往业务信息时的业务量预测

当各业务节点并无以往业务信息时，各节点业务量的预测显得较为困难。其中一种可行的方法是根据不同节点临近区域面积的大小、人口的密集程度、居民消费水平及居民消费偏好等进行合理的预测。

不同节点临近区域面积的大小可利用计算机模拟与实际调研估计出近似结果。

各节点人口密集程度可利用各地区人口分布相关信息、人口居住密集程度信息、人口流动等抽样信息加以合理的预测。

居民消费水平也可利用不同地区居民收入水平及抽样调查方式计算获得估计

结果。而居民消费偏好可能更多地借助于抽样调查结果获取。

为了科学地估计出各节点的业务量占比信息，需要对各项数据进行归一化处理。对于本问题而言，可接受的归一化处理方式是利用每组中最大的数除以所有其他数的处理方式。从而能够预测各节点的业务占比。

7.3 实例演示

第一步：利用网络地图获取某市二环以内的各关键十字路口节点进行编号，并获取各节点的经纬度信息。相关结果在电子资源第 7 章文件夹中，文件名为：表 1。[①]

第二步：利用网络地图获取各节点连接信息及连接距离，并通过实际调研预测各节点潜在业务量密集程度信息。相关数据在电子资源第 7 章文件夹中，文件名为：表 2。

第三步：利用算法可绘制如图 7 - 1 的某市二环以内交通网络图。相关算法在电子资源第 7 章文件夹中，文件名为：tu。其中，data1 和 data2 对应表 1 和表 2 中的数据。相关交通网络图如图 7 - 1 所示。

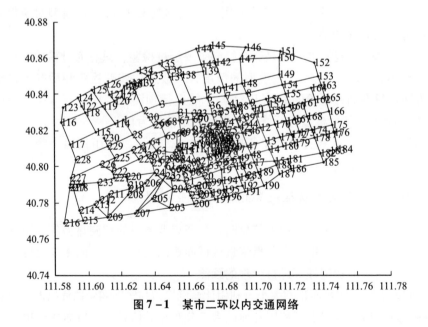

图 7 - 1　某市二环以内交通网络

---

① 本章电子资源可发送邮件至前言中提及的邮箱索取。

第四步：编写 Floyd 算法。相关算法在电子资源第 7 章文件夹中，文件名为：zdl。

第五步：编写计算任意两个顶点之间的最短路矩阵算法。相关算法在电子资源第 7 章文件夹中，文件名为：zdl。

利用算法获取到的 1 ~ 6 号节点的最短路矩阵如表 7 - 1 所示。

表 7 - 1　　　　　　　　　图 7 - 1 中 1 ~ 6 号节点的最短路矩阵

项目	节点 1	节点 2	节点 3	节点 4	节点 5	节点 6
节点 1	0	1.1745	2.0822	3.0417	3.6829	4.5013
节点 2	1.1745	0	0.9078	1.8673	2.5084	3.3268
节点 3	2.0822	0.9078	0	0.9595	1.6006	2.4191
节点 4	3.0417	1.8673	0.9595	0	0.6411	1.4596
节点 5	3.6829	2.5084	1.6006	0.6411	0	0.8184
节点 6	4.5013	3.3268	2.4191	1.4596	0.8184	0

第六步：利用随机抛点法估计各节点面积占比信息。具体做法是在城区所构成的方形区域内随机抛点，并基于临近原则将抛点分配给各个节点。当实验次数较多时，各个节点附近落入的节点个数占比将不断接近各个节点的实际面积占比。最终，通过对边界节点的特殊处理，可以估计出各个节点的面积占比近似值。相关算法在第 7 章文件夹中，文件名为：sjd。

运行完算法 sjd 后，再运行 tu（data1，data2），即可获取图 7 - 2 所示的结果。最后，再通过对算法 sjd 最终返回的结果的边界节点的特殊处理就可获得最终各节点面积占比结果。一种可行的方法是对于边界节点的占比再乘以实际面积占据比率，最后再对每个节点除以最终占据比率总和即可获取到相关面积比率分布结果。

程序使用步骤如下：

第一步：将电子资源第 7 章文件夹中的表 1 及表 2 中的数据保存到 MATLAB 工作目录下，并将变量名命名为 data1 和 data2。

第二步：将第三步的算法代码保存为名为 tu. m 的文件后在命令窗口中输入 tu（data1，data2），即可画出城区交通网络图。

第三步：将第四步的算法代码保存为名为 Floyd 的 m 文件。

第四步：将第五步的算法代码保存为名为 zdl 的 m 文件，届时在命令窗口中输入 ［d，r］= zdl（data1，data2），即可获取的最短路矩阵 d 及最短路径函数 r。

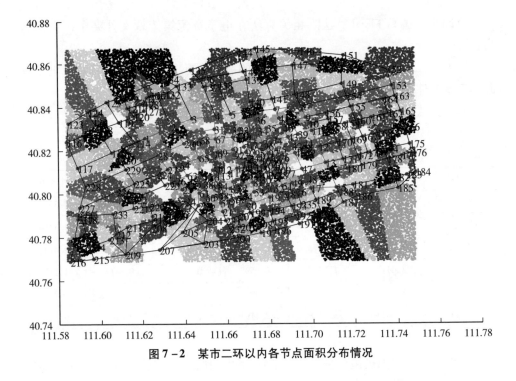

图 7 - 2 某市二环以内各节点面积分布情况

第五步：在命令窗口中输入 sjd（data1，100000），其中，data1 为表 1 中的数据，100000 是实验次数，可以输入更大的数以获取更好的结果。该程序同时具有作图功能，绘图完成后在命令窗口输入 tu（data1，data2），即可看到最终作图效果。为更好地观察分片效果，在对节点进行编号时尽量使临近的节点除以 8 后余数不同。

第 8 章

物流选址基本模型与算法

物流选址模型有很多种，但最具代表意义的物流选址模型可以归纳为以下四类：

（1）集合覆盖选址模型——覆盖所有选址位置的物流选址模型；

（2）最大覆盖选址模型——覆盖部分选址位置的物流选址模型；

（3）P – 中心选址模型；

（4）定位配给选址问题。

不同的物流选址模型具有各自的应用领域，因此，本章将对这些模型及其相关算法展开深入的分析和讨论。

本节符号定义：

$i(i=1, 2, \cdots, n)$ 表示需求节点下标；

$j(j=1, 2, \cdots, m)$ 表示备选节点下标；

I 表示需求节点集合；

J 表示备选节点集合；

d_{ij} 表示需求节点 i 到备选节点 j 的距离；

P 表示选定的备选中心数量；

D_i 表示第 i 个需求节点或区域 A_i 的覆盖半径上限；

D_j 表示第 j 个备选节点的覆盖半径上限；

r 表示覆盖半径；

w_i 表示第 i 个需求节点或区域 A_i 的业务量均值；

$N(i)$ 表示所有能够覆盖第 i 个需求节点或区域 A_i 的备选节点构成的集合，$N(i) = \{j \mid d_{ij} \leqslant D_i\}$；

$M(j)$ 表示所有能够被第 j 个备选节点所覆盖的需求节点构成的集合，$M(j) = \{i \mid d_{ij} \leqslant D_j\}$；

Cap_j 表示第 j 个备选中心的业务量上限；

c_j 表示第 j 个备选中心的选址成本。

本节决策变量定义：

$$x_j = \begin{cases} 1 & \text{如果一个备选中心被选定} \\ 0 & \text{如果一个备选中心不被选定} \end{cases}$$

$$y_i = \begin{cases} 1 & \text{需求节点 } i \text{ 或区域 } A_i \text{ 至少被一个备选中心所覆盖} \\ 0 & \text{无备选中心覆盖需求节点 } i \text{ 或区域 } A_i \end{cases}$$

$$z_{ij} = \begin{cases} 1 & \text{如果需求节点 } i \text{ 被备选中心 } j \text{ 所覆盖} \\ 0 & \text{如果需求节点 } i \text{ 不被备选中心 } j \text{ 所覆盖} \end{cases}$$

e_j^+ 表示备选中心所覆盖的业务量低于理想业务总量的那一部分

e_j^- 表示备选中心所覆盖的业务量高于理想业务总量的那一部分

8.1 集合覆盖设施选址模型

8.1.1 基本概念与模型

集合覆盖模型的目标是用尽可能少的设施去覆盖所有的需求点，如图 8-1 所示。已知若干个需求点（客户）的位置和需求量，需要从一组候选的地点中选择若干个位置作为物流设施网点（如配送中心、仓库等），在满足各个需求点的服务需求的条件下，使所投建的设施点数目或者建设费用最小。根据目标函数可将集合覆盖模型分为两类，一类是不带权重的以最小化设施数目为目标，称为最小基数集合覆盖模型（minimum cardinality set covering problem，MCSCP）；另一类是带权重的以最小化设施建设费用为目标，称为加权集合覆盖模型（weighted set covering problem，WSCP）。两种集合覆盖模型分别适用于不同的应用场景，当各个设施候选位置建造设施的成本较接近时，使用最小基数集合覆盖模型；而当不同位置建造设施的成本相差很大时，则使用加权集合覆盖模型会更加符合实际应用场景。

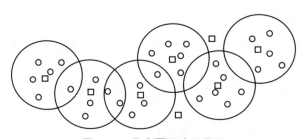

图 8-1　集合覆盖选址模型

最小基数集合覆盖模型如下：

$$\min \sum_{j \in J} x_j \tag{8.1}$$

模型 8.1
$$s.t. \quad \sum_{j \in N(i)} x_j \geq 1, \forall i \in I \tag{8.2}$$

$$x_j = \{0, 1\}, \quad \forall j \in J \tag{8.3}$$

目标函数式（8.1）的作用是使设施数量最少；约束条件式（8.2）是确保每一个需求节点都被一个或多个设施覆盖；约束条件式（8.3）是对决策变量的二进制限制。

模型 8.1 假设每一个设施的建设成本是相同的。然而，加权集合覆盖选址模型考虑到地形的影响，每一个候选位置上建设设施的成本几乎不可能完全相同，因此，模型 8.1 的目标函数不是最小化设施数目，而是添加设施建设成本后最小化总费用。模型如下：

$$\min \sum_{j \in J} c_j x_j \tag{8.4}$$

模型 8.2
$$s.t. \quad \sum_{j \in N(i)} x_j \geq 1, \forall i \in I \tag{8.5}$$

$$x_j \in \{0, 1\}, \quad \forall j \in J \tag{8.6}$$

目标函数式（8.4）是最小化建立设施的总费用；如果建立设施的成本相同，则可以简化为集合覆盖模型的基础模型。

集合覆盖问题首次用于解决消防中心或救护中心等应急服务设施的选址问题，即在满足全部需求被覆盖的情况下，设施数目最少或设施建设成本最低的问题。该问题最早由罗斯（Roth，1969）和托瑞格斯等（Toregas et al.，1971）提出，他们使用的方法是分别建立服务站建站成本在相同和不同情况下关于集合覆盖问题的整数规划模型。之后米妮卡（Minieka，1970）、莫瑞和瑞沃尔（Moore & ReVelle，1982）都对集合覆盖的相关问题进行了进一步的研究。普兰和亨德瑞（Plane & Hendrick，1977）、达斯汀和斯顿（Daskin & Stern，1981）建立了服务站数量最小和顾客备用覆盖率达到最大的双目标集覆盖问题。黄（Huang，2004）研究了质量随着时间变化而变化的产品动态集合覆盖相关问题。对于设施的容量，多数覆盖问题的文献研究中均认为设施是无容量限制，无论其覆盖多少需求都能够提供满意的服务。然而，带容量限制的覆盖问题是更加符合现实应用的，卡瑞特和斯特白克（Current & Storbeck，1988）将容量约束添加到问题中，提出了带容量限制的集合覆盖模型。毕娅和李文锋（2013）在供应链协同库存背景下研究了基于集合覆盖的有时间和容量限制的配送中心选址问题，目标是使系统成本最小，以及决策配送中心向需求点提供最优配送量。根据假设条件建模，建立了基于集合覆盖的有容量和时间限制的选址—分配系统的非线性规划模型。针对模型决策空间所具有的特殊结构，设计了基于遗传和粒子群算法的启发式算法。基本假设为：①候选配送中心点位置和数目已知；②需求点的数目、位置和需求量已知；③任意需求点的需求被完全覆盖；④决策目标是供应链上总成本最低；⑤决策结果是配送中心的选址和配送中心与需求点之间的分配量的映射关系。模型如下：

$$\min \sum_j H_j x_j + p^t \sum_i \sum_j d_{ij} w_i$$

集合覆盖模型是一个非确定多项式—困难问题（non-deterministic polynominal-hard problem，以下简称"NP – 困难问题"），当选址规模较小时，可使用枚举法（如分支定界法等）求模型的最优解。随着商业化算法的发展和选址规模的扩大，许多启发式算法也逐渐出现，费什尔和克得（Fisher & Kedia，1990）提出了运用对偶的启发算法，用于解决多达 200 个候选点、2000 个需求点的较大规模的集合覆盖问题。白斯勒和约斯顿（Beasley & Jornsten，1992）通过将拉格朗日松弛算法与次梯度优化法相结合的办法来解决这类问题；阿米那和帕斯特（Almiñana & Pastor，1997）使用代理启发式算法对集合覆盖问题进行求解。白斯勒和初（Beasley & Chu，1996）提出了用于计算服务站建设成本不同时的集合覆盖问题的新遗传算法。格洛斯曼和沃（Grossman & Wool，1997）通过大量实验得出数据，并进行结果对比，分析用于求解 SCLP 的九类启发式算法，得出结论：简单贪婪算法（S – Gr）、随机贪婪算法（R – Gr）和转换贪婪算法（Alt – Gr）在所有问题中几乎都是最好的三种算法，其中随机贪婪算法是最好的，在 80 个随机问题中有 66 次得到了最优解。遗传算法是基于生物进化的概念，选择个体，基于最好个体存活的原理，借助遗传算子进行交叉运算和变异运算，生成新的更好的解来设计算法。遗传算法在求解大规模 NP – 困难问题时是很有效的。

例 8.1：本书电子资源第 8 章附件给出了某一地区的加油站位置分布数据及各加油站之间的直线距离数据。试以 50KM 为覆盖半径，以当前加油站为备选选址中心，确定最优集合覆盖选址结果。

相关程序在电子资源第 8 章文件夹中，文件名为：fig1。[①] 其中引用的 LSCP

---

① 本章电子资源可发送邮件至前言中提及的邮箱索取。

函数即是模型 8.2 的相关算法。其函数的基本形式如下所示：

　　[fac,ran,x]=LSCP(dis,radius,c)

　　其中，dis 表示各选址位置与备选选址位置之间的最短距离；radius 为备选点的选址半径大小。当各备选点的选址半径相同时，可直接将 radius 输入为此半径；c 为各备选点的选址成本，当省略此参数时默认将其设定为 1；输出参数 fac 中存放的是被选定的选址位置序号；ran 中存放了各选址中心的管辖范围；x 为各决策变量的取值。集合覆盖选址结果如图 8 - 2 所示。

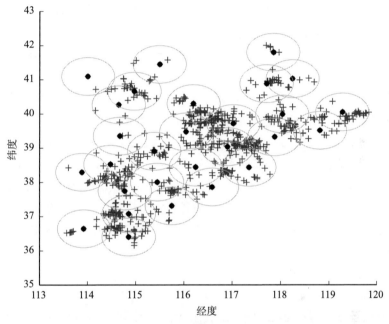

图 8 - 2　集合覆盖选址结果

8.1.2　具有业务量上限的集合覆盖选址模型

　　在实际决策问题中，我们不仅要考虑集合覆盖选址的成本，还需要考虑每个选址中心的业务处理能力。有时即使各中心的业务处理能力较强，也要考虑选址的公平性问题。因此，可以建立如下具有业务量上限约束的集合覆盖选址模型。

$$\min z = \sum_{j \in J} c_j x_j \tag{8.7}$$

模型 8.3
$$s.t. \quad \sum_{j \in N(i)} z_{ij} = 1, \quad \forall i \in I \tag{8.8}$$

$$z_{ij} \leqslant x_j, \quad \forall j \in J, \ i \in M(j) \tag{8.9}$$

$$\sum_{i \in M(j)} z_{ij} w_i \leqslant x_j Cap_j, \quad \forall j \in J \tag{8.10}$$

$$x_j = \{0, 1\}, \quad \forall j \in J \tag{8.11}$$

$$z_{ij} = \{0, 1\}, \quad \forall j \in J, \ i \in M(j) \tag{8.12}$$

模型 8.3 中的约束条件式（8.8）要确保每个需求均被覆盖；约束条件式（8.9）表示只有当第 j 个备选节点被选中时，第 i 个需求节点才能够被覆盖。其中，对 i 的约束 $i \in M(j)$ 有效地减少了决策变量的数量；约束条件式（8.10）确保每个选定的备选中心的业务总量不超过其上限。

例 8.2：以第 7 章中的某市二环以内的节点为例，试分析具有业务量上限的集合覆盖选址模型。

首先，编写具有业务量上限的集合覆盖选址模型，相关模型在电子资源第 8 章文件夹中，文件名为 LSCP_up。其算法的基本模式为：

```
[y,gxfw] = LSCP_up(dis,nodes_workload,cap,radius,c)
```

其中，dis 为需求节点与备选节点之间的最短距离，nodes_workload 为需求节点业务量，cap 为备选节点业务量上限，radius 为需求节点覆盖半径上限，c 为备选节点建设成本，y 为选址数量，gxfw 为各选定备选中心的管辖范围。

其次，将电子资源第 7 章文件夹中的表 1、表 2、zdl 及 Floyd 拷贝到第 8 章文件夹中；

最后，在命令窗口中分别录入如下代码：

```
>>data1 = xlsread('表1.xlsx');
>>data2 = xlsread('表2.xlsx');
>>[dis,r] = zdl(data1,data2);
>>nodes_workload = data1(:,5);
>>cap = 0.1;
>>[y,gxfw] = LSCP_up(dis,nodes_workload,cap,1500);
```

在 gxfw 中存放了相关选址结果如表 8 - 1 所示。

各选址中心的管辖范围

表 8 - 1

选址中心	业务总量	管辖范围
2	0.04487	1, 2, 3, 29, 3, 66
6	0.02212	4, 5, 34
7	0.06140	6, 7, 8, 37, 38, 41
14	0.04578	12, 13, 14, 15, 17, 18, 48, 141, 148, 181, 187, 188
23	0.03551	23, 9, 24, 25, 26
27	0.05403	26, 27, 28, 63, 64, 65, 223, 224, 225
53	0.03554	19, 2, 5, 51, 52, 53, 55, 68, 79, 8, 12, 18, 11, 199
70	0.05702	31, 32, 33, 36, 67, 68, 69, 7, 71, 72, 89, 91, 92, 93, 94
76	0.06157	35, 4, 42, 43, 44, 45, 46, 47, 49, 73, 74, 75, 76, 77, 78
84	0.05860	21, 25, 54, 56, 57, 58, 59, 6, 61, 62, 81, 82, 83, 84, 85, 86, 87, 88, 95, 96, 97, 98, 99, 111, 112, 113, 1, 11, 13, 14, 15, 16, 17
115	0.01423	115, 117
119	0.03391	114, 118, 119, 12, 121, 125, 126, 127, 128, 129, 13, 131
123	0.00619	116, 122, 123, 124
136	0.05188	132, 133, 134, 135, 136, 137, 138
144	0.02173	139, 143, 144, 145
147	0.02605	142, 146, 147
149	0.02840	149, 15, 151, 154, 155, 157, 158, 159
158	0.06661	9, 1, 11, 39, 156, 157, 158, 159, 161, 169, 17
163	0.02242	152, 153, 162, 163, 164, 165
174	0.04613	166, 167, 168, 171, 172, 173, 174, 175, 176, 177, 179
185	0.02199	178, 182, 183, 184, 185, 186
192	0.06174	16, 18, 19, 191, 192, 193, 194, 195, 196, 198, 235
200	0.03189	197, 2, 21, 22, 23, 219, 231, 232, 235
206	0.01914	22, 24, 28, 21, 212, 213
209	0.01575	27, 29, 211, 212, 213
215	0.00523	214, 215, 216
225	0.03532	22, 221, 222, 226, 229, 23
234	0.01495	217, 218, 227, 228, 233, 234

8.1.3 指定选址数量下的集合覆盖选址模型

在进行选址时，有时可能已经事先知道选址数量，进一步需要考虑基于成本最小化的集合覆盖选址问题。其对应的选址模型如下：

$$\min \sum_{j \in J} c_j x_j \tag{8.13}$$

模型 8.4
$$s.t. \quad \sum_{j \in N(i)} x_j \geq 1, \ \forall i \in I \tag{8.14}$$

$$\sum_{j \in J} x_j = P \tag{8.15}$$

$$x_j \in \{0, 1\}, \ \forall j \in J \tag{8.16}$$

模型 8.4 中的约束条件式（8.15）是指定选址数量的约束条件，其他解释与模型 8.1 和模型 8.2 类似。

模型 8.4 的求解算法只需要在模型 8.2 的基础上新增一个等式约束条件即可。这里不再赘述，相关算法在电子资源第 8 章文件夹中，文件名为 LSCP1。

8.1.4 加权运输距离最小化的集合覆盖选址模型

在确定了最小中心数量的同时，我们还可能会考虑在覆盖所有节点的同时与业务节点之间的加权运输距离实现最小化。为此，可以建立如下模型。

$$\min \sum_{i \in I} \sum_{j \in J} w_i d_{ij} z_{ij} \tag{8.17}$$

模型 8.5
$$s.t. \quad \sum_{j \in N(i)} z_{ij} = 1, \ \forall i \in I \tag{8.18}$$

$$\sum_{j \in J} x_j = P \tag{8.19}$$

$$z_{ij} \leq \sum_{j \in N(i)} x_j, \ \forall i \in I, j \in N(i) \tag{8.20}$$

$$x_j, z_{ij} \in \{0, 1\}, \ \forall i \in I, \ \forall j \in J \tag{8.21}$$

模型 8.5 中的目标函数式（8.17）是保障业务节点与选址中心的加权总和最小；约束条件式（8.18）确保每个业务节点都被覆盖；约束条件式（8.19）是选定 P 个选址中心；约束条件式（8.20）保障只有覆盖第 i 个节点中的某一个备选中心被选中时才能够覆盖该业务节点。

8.1.5 基于均衡约束下的集合覆盖选址模型

8.1.5.1 LSCP 模型中理想业务量上限的确定模型

利用模型 8.1 确定了最小的选址个数 $p_{\min}$ 后，进一步考虑各选址中心业务的均衡分配问题。其中一种可行的方式就是让各选址中心的业务量上限最小化。为此，可以建立求得各选址中心中业务量最多那一个，业务量最小化的集合覆盖选址如模型 8.6 所示。

$$\min U_{ideal} \tag{8.22}$$

模型 8.6

$$s.t. \quad \sum_{j \in J} x_j = p_{\min} \tag{8.23}$$

$$\sum_{j \in J} z_{ij} = 1, \ \forall i \in I \tag{8.24}$$

$$z_{ij} \le x_j, \ \forall i \in T(j), j \in J \tag{8.25}$$

$$\sum_{T(j)} w_i z_{ij} \le U_{ideal}, \ \forall j \in J \tag{8.26}$$

$$x_j, z_{ij} \in \{0, 1\}, \ \forall i \in T(j), j \in J \tag{8.27}$$

$$U_{ideal} \ge 0 \tag{8.28}$$

8.1.5.2　LSCP 模型中理想业务量下限的确定模型

在 LSCP 模型中，除了让各选址中心业务量最大的那一中心的业务总量越小越好的均衡分配方案外，还可以通过让各选址中心业务量下限中最小的那个中心的业务量越大越好的方式来实现业务量的均衡分配。

假设模型 8.6 中求得的最优解为 U_{i0}，则利用模型 8.7 可以进一步求得最优下界的确定模型。

$$\max L_{ideal} \tag{8.29}$$

模型 8.7

$$s.t. \quad \sum_{j \in J} x_j = p_{\min} \tag{8.30}$$

$$\sum_{j \in J} z_{ij} = 1, \ \forall i \in I \tag{8.31}$$

$$z_{ij} \le x_j, \ \forall i \in T(j), j \in J \tag{8.32}$$

$$\sum_{T(j)} w_i z_{ij} \ge L_{ideal} - (1 - x_j) U_{i0}, \ \forall j \in J \tag{8.33}$$

$$x_j, z_{ij} \in \{0, 1\}, \ \forall i \in T(j), j \in J \tag{8.34}$$

$$L_{ideal} \ge 0 \tag{8.35}$$

模型 8.7 中的约束条件式（8.33）中的 $-(1 - x_j) U_{i0}$ 是为了保障当备选中心不被选定时约束条件也成立。

8.1.5.3　LSCP 模型中业务量的均衡分配模型

利用模型 8.6 和模型 8.7 求得了集合覆盖模型中各选址中心的理想下限及上限后，可进一步定义各中心的理想业务量。其中一种可行的定义方式为 $w_{ideal} = \dfrac{L_{ideal} + U_{ideal}}{2}$，从而我们可以建立如模型 8.8 所示的各中心业务量的均衡分配模型。

$$\min \sum_{j \in J} \left(\sum_{T(j)} w_i z_{ij} - w_{ideal} \right)^2 \tag{8.36}$$

模型 8.8
$$s.t. \quad \sum_{j \in J} x_j = p_{\min} \tag{8.37}$$

$$\sum_{j \in J} z_{ij} = 1, \quad \forall i \in I \tag{8.38}$$

$$z_{ij} \leqslant x_j, \quad \forall i \in T(j), j \in J \tag{8.39}$$

$$x_j, z_{ij} \in \{0, 1\}, \quad \forall i \in T(j), j \in J \tag{8.40}$$

模型 8.8 是一非线性规划模型，我们可以进一步结合多目标规划理论将模型 8.8 转化为如模型 8.9 所示的混合线性规划模型。

$$\min \sum_{j \in J} e_j^+ + e_j^- \tag{8.41}$$

模型 8.9
$$s.t. \quad \sum_{j \in J} x_j = p_{\min} \tag{8.42}$$

$$\sum_{j \in J} z_{ij} = 1, \quad \forall i \in I \tag{8.43}$$

$$z_{ij} \leqslant x_j, \quad \forall i \in T(j), j \in J \tag{8.44}$$

$$\sum_{i \in T(J)} w_i z_{ij} - x_j w_{ideal} + e_j^+ - e_j^- = 0, \quad \forall j \in J \tag{8.45}$$

$$x_j, z_{ij} \in \{0, 1\}, \quad \forall i \in T(j), j \in J \tag{8.46}$$

引入基于均衡约束下的随机集合覆盖选址模型，为选址中心业务的均衡分配问题提供了精确模型。由于该模型本身是一个混合整数规划模型，因此可以通过目前流行的混合整数规划软件进行求解。

在提出基于均衡约束的集合覆盖选址模型时，我们首先分别提出了在明确选址数量前提下确定所有选址中心业务总量上界的最小化模型和业务总量下限的最大化模型，并通过上界的最小值和下界的最大值确定出了各中心的理想业务量取值；其次，借助理想业务量及相关优化模型求得了基于均衡约束下的最优选址结果；最后，我们可以利用模型 8.9 求解出的目标函数值，将其转化为约束条件后，在适当降低均衡性的约束下，利用目标函数式（8.17）近一步优化改进选址中心到业务节点之间的加权运输距离。这种优化方式不仅考虑了业务量的均衡分配问题，同时也考虑了尽量基于临近原则分配节点的目标。

在文中，我们还进一步考虑了业务量的随机性问题。通过提出相关优化模型，在实现业务量尽量均衡的基础上，各中心实际发生的业务量在业务下限之上和在业务上限之下的概率越大越好。这种优化方式更加切合实际，也能够有效地避免业务拥挤的情况。

下文将通过例 8.3，即某城区充电问题中成功应用进一步展现模型的价值。今后将期待对基于大规模的均衡约束集合覆盖模型的求解算法研究及其在更多物流和交通领域中的应用研究。

例 8.3：城市充电位置的选址优化

（1）基本数据的获取与预测。

在利用具有不确定需求的均衡集合覆盖模型进行建模时，首先需要搜集城区交通网络基础数据和各个典型地点的业务量相关信息。城市交通网络的数据可以通过导航、交管部门或直接在地图上采集获得。城市各个典型地点的选址需要根据不同城市的特点进行选择。通常的做法是以城区主要道路的十字路口附近的点为备选中心。对于这些备选中心的业务量，可以根据附近的人口等展开相关的预测。电子资源第 8 章文件夹表 1 提供了某市的交通网络基础数据以及各个典型位置的预测业务量均值数据。由于城市充电问题与电动车的数量存在较强的相关性，因此可以假定各节点充电量服从泊松分布。

（2）节点间最短路的获取。

通过电子资源第 8 章文件夹表 1 的数据可以绘制出已采集到的某城区的交通网络图，如图 8-3 所示。由于城区的各十字路口基本以直线形式连接，因此利用两点间的经纬度距离公式计算获得各十字路口之间的实际距离。有了各十字路口之间的实际距离后，则可通过 Floyd 算法获得任意两个顶点之间的最短路径。

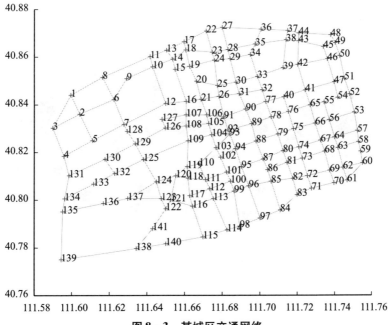

图 8-3　某城区交通网络

（3）城区充电位置的优化结果。

拥有城区各节点之间的最短路径和各节点的业务量信息后，就可以利用上文提出的相关模型对选址位置进行优化。为此，我们特别选定选址半径为2KM，并将所有节点都设定为备选节点，业务量均衡误差取定为10时，通过具体模型优化出的结果如表8-2所示。

表8-2　　　　　　　　　　　　不同模型优化后的选址结果

模型	L	U	Sum_std	Sum_wd	Sum_LUP
模型8.1	28.67	64.79	153.353	812.2567	29.3593
模型8.6	26.8	53.24	107.826	899.9296	29.2092
模型8.7	32.087	59.03	131.798	920.5959	29.1188
模型8.9	32.087	59.03	101.886	869.8514	29.4531

通过表8-2可以看出，虽然模型8.1选定了最少数量的中心以覆盖所有的业务节点，但存在明显的业务量不均衡的问题。模型8.6将所有中心的业务量上限降至最低。模型8.7将所有中心的业务量下限增加至最高水平。模型8.9将选址中心之间业务量与理想业务量之间的差距降至最低。

此外，基于结果的可视化展示，图8-4~图8-7展示了利用不同的选址模型所选定的选址中心总业务量及其管辖范围。

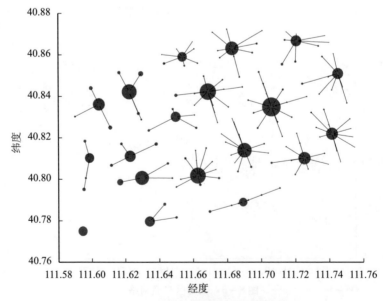

图8-4　模型8.1的选址结果展示

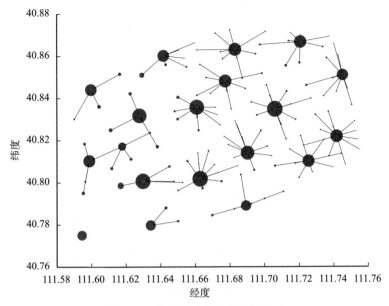

图 8 - 5　模型 8.6 的选址结果展示

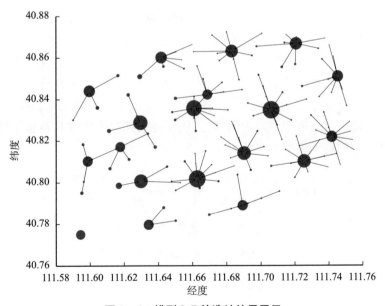

图 8 - 6　模型 8.7 的选址结果展示

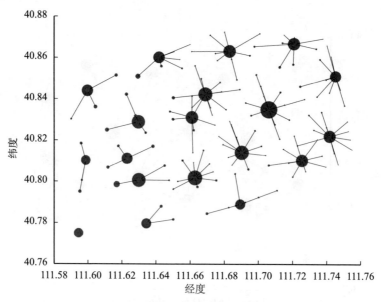

图 8-7　模型 8.9 的选址结果展示

8.1.6　加权距离最小化与均衡分配的多目标选址模型

为了综合考虑加权运输距离和均衡分配这两个目标，本节将把二者同时放入目标函数。由于二者量纲不同，需要对数据进行标准化处理，即在同一半径和同一设施数量条件下，将模型 8.5 的目标函数值作为加权运输距离的最小值 m_1，模型 8.9 求解后计算出的加权距离作为最大值 M_1。将模型 8.9 的目标函数值作为每个投放节点的业务量，其与平均业务量的总差值作为最小值 m_2，模型 8.5 求解后计算出的总差值作为最大值 M_2。从而得到同时考虑加权运输距离的最小化与均衡分配的选址模型 8.10：

$$\min \frac{\sum_{j\in J}\sum_{i\in I} w_i d_{ij} z_{ij} - m_1}{M_1 - m_1} + \frac{\sum_{j\in J} e_j^+ + e_j^- - m_2}{M_2 - m_2} \tag{8.47}$$

模型 8.10

$$s.t. \quad \sum_{j\in J} x_j = P \tag{8.48}$$

$$\sum_{j\in J} z_{ij} = 1, \ \forall i \in I \tag{8.49}$$

$$z_{ij} \leqslant x_j, \ \forall i \in I, \ j \in J \tag{8.50}$$

$$\sum_{i\in I} w_i z_{ij} - x_j w_{\text{expect}} + e_j^+ - e_j^- = 0, \ j \in J \tag{8.51}$$

$$e_j^+, \ e_j^- \geqslant 0, \ x_{ij}, \ y_j \in \{0, 1\}, \ \forall i \in I, \ j \in J \tag{8.52}$$

目标函数式（8.47）是最小化各投放节点业务量与平均业务量差值，同时最小化加权运输距离，且认定两个目标同等重要。

例 8.4：某市疫情物资配送选址问题

（1）基本数据的获取。

基于某市 9 个区的交通网络数据和主要小区相关数据，读取路口节点、道路连接情况、主要小区相关数据等信息。利用 Floyd 算法计算出各路口节点之间的最短距离，然后找到各个小区距离最近的路口节点，并计算它们之间的欧氏距离，从而得到各个主要小区之间的最短距离矩阵。

（2）多目标选址模型。

第一步：利用 LSCP 模型计算出半径为 1KM 时的最多选址数量；

第二步：以每个社区节点所需 4 吨运载货车数量为权重，利用模型 8.5，设置选址数量为 1，得到合适的上游节点社区，根据 LSCP 模型提供的最小选址数量计算出将目标函数值作为加权运输距离最小值的 m_1 和总差值作为最大值的 M_2；

第三步：以每个社区节点所需 4 吨运载货车数量为权重，利用模型 8.9，设置半径为 1KM，根据 LSCP 模型提供的最小选址数量，在模型求解后计算出加权距离最大值作为 M_1，将其目标函数值的总差值，作为每个投放节点业务量与平均业务量的总差值，作为最小值 m_2，利用 MATLAB 软件计算获得的相关结果如表 8 - 3 所示。

表 8 - 3   某市九大城区的模型标准化数据

城区	m_1	M_2	m_2	M_1
区域 1	1.02E + 05	2.17E + 02	1.08E + 02	1.35E + 05
区域 2	8.04E + 04	1.55E + 02	1.17E + 02	1.09E + 05
区域 3	4.65E + 04	9.12E + 01	6.81E + 01	5.84E + 04
区域 4	5.48E + 04	1.16E + 02	8.42E + 01	6.94E + 04
区域 5	6.81E + 04	1.33E + 02	9.76E + 01	9.40E + 04
区域 6	7.57E + 04	1.54E + 02	1.10E + 02	1.05E + 05
区域 7	8.40E + 04	1.89E + 02	1.34E + 02	1.19E + 05
区域 8	6.12E + 04	1.13E + 02	8.89E + 01	8.08E + 04
区域 9	3.26E + 04	6.06E + 01	4.93E + 01	4.22E + 04

第四步：利用模型 8.10，设置半径为 1KM，根据 m_1、M_2、M_1 和 m_2 标准化目标函数，加权距离最小化与均衡目标设置为同等重要，得到最终的优化结果如图 8 - 8 所示。

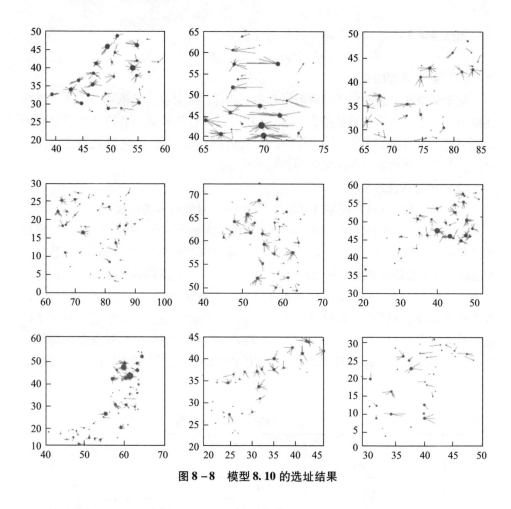

图 8-8 模型 8.10 的选址结果

相关程序在电子资源第 8 章文件夹中，文件夹名为：均衡 + 加权距离最小化。

8.2 P-中心物流设施选址模型

8.2.1 基本概念、模型与算法

集合覆盖选址问题的目标是在固定的半径 r 条件下，找到可以覆盖全部需求的最少设施的位置，而在 P-中心问题中，各个设施的管辖范围是以 r 为半径的圆，它是考虑在需求节点全部覆盖的情况下如何为 P 个设施选址，使得需求点到距离最近设施的最大距离即最大覆盖半径 r 最小。P-中心物流设施选址模型如图 8-9 所示。如果工厂限制在固定的某些节点上选址，则称为顶点中心问题。如果工厂可

以在任意位置选址，则称为绝对中心问题。P – 中心问题如模型 8.11 所示。

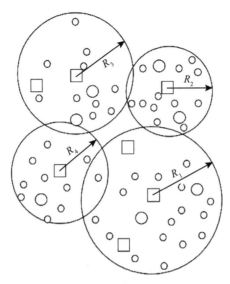

图 8 – 9　P – 中心物流设施选址模型

$$\min r \tag{8.53}$$

模型 8.11

$$s.\, t. \quad \sum_{j \in J} d_{ij} z_{ij} \leqslant r, \ \forall i \in I \tag{8.54}$$

$$\sum_{j \in J} z_{ij} = 1, \forall i \in I \tag{8.55}$$

$$z_{ij} \leqslant x_j, \ \ \forall i \in I, j \in J \tag{8.56}$$

$$\sum_{j \in J} x_j = P \tag{8.57}$$

$$z_{ij}, \ x_j \in \{0, \ 1\}, \ \ \forall i \in I, j \in J \tag{8.58}$$

目标函数式（8.53）是使得需求节点到最近设施的距离的最大值最小，约束条件式（8.54）保证每个需求节点均在覆盖半径内，约束条件式（8.55）是保证每个需求节点都被覆盖，约束条件式（8.56）表明设立设施中心后才能服务需求节点，约束条件式（8.57）指定了选择设施的数量。

例 8.5： 以例 8.1 中前 60 个节点为选址节点及备选节点，试求选址数量为 10 时的最小覆盖半径。

利用相关算法计算获得 $r = 18.8027$。相关程序在电子资源第 8 章文件夹中，文件名为 fig2。其中引用了算法 P_center，其具体函数表达式为：

```
[fac,r] = P_center(p,dis)
```

其中，p 为选址数量，dis 为选址节点与备选节点之间的最短距离，fac 为选定的备选中心，r 为最小覆盖半径大小。其选址结果如图 8 – 10 所示。

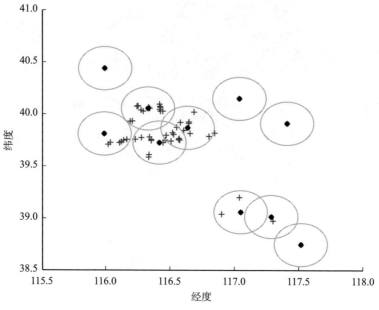

图 8 – 10　P – 中心选址覆盖

8.2.2　大规模 P – 中心选址模型的求解

在模型 8.10 中，决策变量个数是 $n \times m + m + 1$，当 n 和 m 较大时，会使决策变量增加速度过快，导致用常规软件难以在短时间内求解。为此引进以下大规模 P – 中心选址模型近似的求解算法。

第一步：计算获得备选节点到需求节点之间的最大距离 d_max 及最小距离 d_min = 0；

第二步：判断 d_max – d_min 是否小于事先设定好的误差 e，如果小于 e 则停止迭代，否则进入下一步；

第三步：以 d_max 为覆盖半径，利用 LSCP 模型算法计算获得选址数量 p_now，并进入下一步；

第四步：判断 p_now 是否小于等于 P，如果 p_now < = P，则：d_max = d_min + (d_max – d_min)/2。

否则

d = d_min, d_min = d_max, d_max = d_min + (d_max – d)/2

并返回第二步。

相关程序在电子资源第 8 章文件夹中，文件名为 p_center_large。

例 8.6：以例 8.1 中的所有节点为需求节点与备选节点，取定 P = 20，wc = 10^{-6}后，计算最优 P – 中心选址半径。

利用相关算法计算获得最优 P – 中心选址半径为 62.7173KM，相关程序在电子资源第 8 章文件夹中，文件名为 fig3，其中调用了事先编写好的大规模 P – 中心选址模型算法 p_center_large。相关选址结果如图 8 – 11 所示。

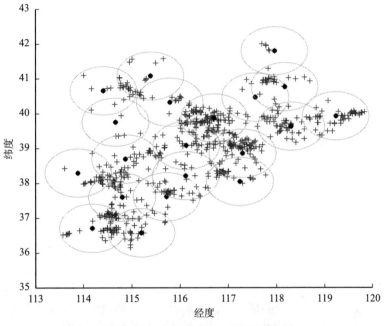

图 8 – 11　大规模 P – 中心选址结果

8.3　最大覆盖选址

8.3.1　基本概念

第 7 章讨论了集合覆盖问题，然而，在众多实际问题中，集合覆盖选址问题存在着明显的缺陷。如果服务站覆盖半径很小且需求点分布密度不均，则在需求点稀疏的区域仍旧需要建设大量的服务站，这将造成资源的极大浪费。这种情况下，决策目标可以转变为在有限的设施资源下覆盖尽可能多的需求，这一问题就是最大覆盖问题。

最大覆盖选址模型的目标是对有限的服务设施进行选址，在指定约束范围内为尽可能多的对象提供服务，如图 8 - 12 所示。需要明确设施的覆盖半径，并假设顾客并不一定总是到距他最近的服务站接受服务，而是在一定距离以内的服务站都可以为其提供服务，那么这个距离就是设施的覆盖半径。已知若干个需求点（客户，图 8 - 12 中的小圆圈）的位置和需求量，需要从一组候选的地点（图 8 - 12 中的小正方形）中选择 P 个位置作为物流设施网点（如配送中心、仓库等），使尽可能多地满足需求点的服务。

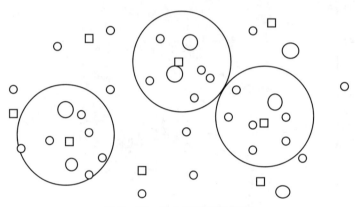

图 8 - 12 最大覆盖选址问题

8.3.2 最大覆盖物流设施选址模型

最大覆盖问题最初由褚池和瑞沃尔（Church & ReVelle, 1974）提出，研究在已知服务站数目和服务半径的情况下，确定 P 个设施的最优位置以最大限度地覆盖需求量。随后，在物流领域引起了广泛的关注，在经典的最大覆盖选址模型的基础上进行改进和完善，从多角度探讨问题的本质，建立相关的模型和算法，从而获得更优的计算结果来满足顾客的需求，也为管理者提供了更加可靠的选址决策方案。

最大覆盖模型不仅可以为仓库、配送中心、公共服务设施进行选址，还可用于垃圾焚烧厂、化学加工厂等设施的选址问题，因此类设施会排出大量污染气体和有毒气体影响周围居民的身体健康，故其选址目标是最小化覆盖人群范围或最大化未被覆盖人群范围。

经典最大覆盖选址如模型 8.12 所示。

$$\max \sum_{i \in I} w_i y_i \tag{8.59}$$

模型 8.12 $s.t.$ $y_i \leq \sum_{j \in N(i)} x_j, \ \forall i \in I$ (8.60)

$$\sum_{j \in J} x_j = P \tag{8.61}$$

$$y_i \in \{0, 1\}, \ \forall i \in I \tag{8.62}$$

$$x_j \in \{0, 1\}, \ \forall j \in J \tag{8.63}$$

目标函数式（8.59）是最大化覆盖需求；约束条件式（8.60）是确保至少有一个设施落在候选位置且到需求节点的距离小于 D_i 的情况下，需求节点才能被覆盖；约束条件式（8.61）指定了选择设施的数量。

例 8.7：以电子资源第 7 章文件夹中的表 1 和表 2 中的数据为例，以 3KM 为覆盖半径，选定 8 个中心后的最大覆盖选址结果。

首先，编写最大覆盖选址模型 8.12 的 MATLAB 算法，相关程序在电子资源第 8 章文件夹中，文件名为 MCLP。其函数具体形式为：

```
[fac,ran,workloads]=MCLP(dis,nodes_work,p,radius)
```

其中，dis 为需求节点与备选节点之间的最短路矩阵；nodes_work 为节点业务量；p 为选址数量；radius 为选址半径；fac 为被选定的选址中心；ran 为各中心的管辖范围；workloads 为覆盖总量。

其次，将电子资源第 7 章文件夹中的表 1、表 2、zdl 及 Floyd 拷贝到第 8 章文件夹中；

最后，在命令窗口中分别录入如下代码：

```
>>data1=xlsread('表1.xlsx');
>>data2=xlsread('表2.xlsx');
>>[dis,r]=zdl(data1,data2);
>>nodes_workload=data1(:,5);
>>[fac,ran,workloads]=MCLP(dis,nodes_workload,8,3000);
```

则获得最大覆盖量达到了 0.9989。

8.3.3　具有业务量上限的最大覆盖选址模型

模型 8.12 并未考虑各选址中心的业务容量，下文的模型 8.13 进一步引入具有业务量上限的最大覆盖选址模型。

$$\max \sum_{i \in I} \sum_{j \in J} w_i z_{ij} \tag{8.64}$$

模型 8.13　　　$s.\,t.$

$$\sum_{j \in N(i)} z_{ij} \leqslant 1, \ \forall i \in I \tag{8.65}$$

$$\sum_{j \in J} x_j = P \tag{8.66}$$

$$z_{ij} \leqslant x_j, \ \forall j \in J, \ i \in M(j) \tag{8.67}$$

$$\sum_{i \in M(j)} z_{ij} w_i \leqslant x_j Cap_j, \quad \forall j \in J \tag{8.68}$$

$$x_j = \{0, 1\}, \quad \forall j \in J \tag{8.69}$$

$$z_{ij} = \{0, 1\}, \quad \forall j \in J, \ i \in M(j) \tag{8.70}$$

虽然模型 8.13 中决策变量的规模显著高于模型 8.12，但通过 $i \in M(j)$ 的约束有效地减少了变量规模。

例 8.8：以电子资源第 7 章文件夹中的表 1 和表 2 中的数据为例，以 2KM 为覆盖半径，0.13 为业务量上限，选定 8 个中心后的最大覆盖选址结果。

首先，编写最大覆盖选址模型 8.13 的 MATLAB 算法，相关程序在电子资源第 8 章文件夹中，文件名为 MCLP_up。其函数的具体形式为：

```
gxfw=MCLP_up(dis,nodes_workload,cap,radius,p)
```

其中，dis 为需求节点与备选节点之间的最短路矩阵；nodes_workload 为节点业务量；cap 为业务量上限；radius 为选址半径；p 为选址数量；gxfw 为各中心的管辖范围及其业务量数据，其第一列为选址中心，第二列为各中心业务总量，第三至最后一列为各中心所属的管辖范围。

其次，将电子资源第 7 章文件夹中的表 1、表 2、zdl 及 Floyd 拷贝到第 8 章文件夹中。

最后，在命令窗口中分别录入如下代码：

```
>>data1=xlsread('表1.xlsx');
>>data2=xlsread('表2.xlsx');
>>[dis,r]=zdl(data1,data2);
>>nodes_workload=data1(:,5);
>>gxfw=MCLP_up(dis,nodes_workload,0.13,2000,8);
```

则获得最大覆盖量达到了 0.7687。

8.3.4 工作量均衡约束下的最大覆盖选址问题

虽然模型 8.13 解决了工作量过多的问题，但有时还需要兼顾选址的公平性。从科学的角度考虑，各个管理中心的工作量越均衡越便于管理。因此提出如模型 8.14 所示的工作量均衡化约束下的最大覆盖选址模型。

$$\min \sum_{j \in J} \left(\sum_{i \in I} w_i z_{ij} - x_j ideal_j \right)^2 \tag{8.71}$$

模型 8.14
$$s.t. \quad \sum_{j \in J} x_j = P \tag{8.72}$$

$$z_{ij} \leqslant x_j, \quad \forall i \in I, \ j \in J \tag{8.73}$$

$$d_{ij} z_{ij} \leqslant D_i, \quad \forall i \in I, \ j \in J \tag{8.74}$$

$$\sum_{j \in J} z_{ij} \leqslant 1, \ \forall i \in I \qquad (8.75)$$

$$\sum_{i \in I} \sum_{j \in J} w_i z_{ij} = \max_{\text{cov}} \qquad (8.76)$$

$$z_{ij}, \ x_j \in \{0, 1\}, \ \forall i \in I, j \in J \qquad (8.77)$$

其中，$\max_{\text{cov}}$ 表示利用模型 8.12 所求得的最大覆盖量。

模型 8.14 是一个非线性规划模型，可以利用第 2 章 2.4 节中的适度指标的线性化处理理念将模型 8.14 转化为模型 8.15 所示的混合线性规划模型。

$$\min \sum_{j \in J} e_j^+ + e_j^- \qquad (8.78)$$

模型 8.15 $\qquad s.\,t. \quad \sum_{j \in J} x_j = P \qquad (8.79)$

$$z_{ij} \leqslant x_j, \ \forall i \in I, j \in J \qquad (8.80)$$

$$d_{ij} z_{ij} \leqslant D_i, \ \forall i \in I, j \in J \qquad (8.81)$$

$$\sum_{j \in J} z_{ij} \leqslant 1, \ \forall i \in I \qquad (8.82)$$

$$\sum_{i \in I} \sum_{j \in J} w_i z_{ij} = \max_{\text{cov}} \qquad (8.83)$$

$$\sum_{i \in I} w_i z_{ij} - x_j ideal_j + e_j^+ - e_j^- = 0, \ \forall j \in J \qquad (8.84)$$

$$e_j^+, \ e_j^- \geqslant 0, \ \forall j \in J \qquad (8.85)$$

$$z_{ij}, \ x_j \in \{0, 1\}, \ \forall i \in I, j \in J \qquad (8.86)$$

在模型 8.15 中，随着节点个数的增加，决策变量的个数和约束条件的个数将会以指数级增长，这使得利用常规软件几乎无法完成较大规模的最大覆盖选址模型的求解。通过相关文献的梳理发现，在众多最大覆盖问题（maximum covering location problem，MCLP）中并没有考虑变量的缩减问题（Pirkul & Schilling，1991；Yin & Mu，2012）。事实上，通过在模型 8.15 中增加额外的约束条件 $i \in M(j)$，可以大大减少变量的求解规模。

除此之外，如果进一步适当放宽最大覆盖量，则会得到更合理的备选中心均衡化选址结果。为此，我们假定对于最大覆盖量的松弛量为 ε，则可建立如模型 8.16 所示的具有最小变量规模的均衡约束下的最大覆盖选址模型。

$$\min \sum_{j \in J} e_j^+ + e_j^- \qquad (8.87)$$

模型 8.16 $\qquad s.\,t. \quad \sum_{j \in N(i)} z_{ij} \leqslant 1, \ \forall i \in I \qquad (8.88)$

$$\sum_{j \in J} x_j = P \qquad (8.89)$$

$$z_{ij} \leqslant x_j, \ \forall i \in M(j), j \in J \qquad (8.90)$$

$$\sum_{i \in M(j)} w_i z_{ij} - x_j ideal_j + e_j^+ - e_j^- = 0, \ \forall j \in J \quad (8.91)$$

$$\sum_{i \in M(j)} \sum_{j \in J} w_i z_{ij} \geq \max_{\mathrm{cov}} - \varepsilon \quad (8.92)$$

$$z_{ij}, \ x_j \in \{0, 1\}, \ \forall i \in M(j), \ j \in J \quad (8.93)$$

$$e_j^+, \ e_j^- \geq 0, \ \forall j \in J \quad (8.94)$$

例 8.9：共享单车最优调度模式的研究

随着我国各大城市共享单车投放数量的快速增加并最终趋于稳定，共享单车的调度与管理问题成为企业乃至政府的主要难题。其中主要的管理难题包括以下三个方面：

第一，顾客随意停放车辆的行为削弱了地面交通的通行能力与地上车辆的停放能力；第二，对于共享单车企业车辆投放数量的非严格约束导致了城市共享单车数量严重超过了实际需求；第三，共享单车调度模式的不合理性造成单车投放数量过高。

以某市某一共享单车企业为例对其展开了相关的研究。相关的数据分析结果表明，该企业大约在城区投放了 100000 辆左右的共享单车。每天骑行数量的 90% 的置信区间为 [214997，297631]。每次的骑行平均距离为 1.2430KM，平均骑行时间为 6.12 分钟。观察多天的数据发现该城市的骑行高峰期为早上 7：30 ~ 8：30 和下午 17：40 ~ 18：40，如图 8 - 13 所示。同时，周一至周五和周末的骑行规律存在显著性的差异。

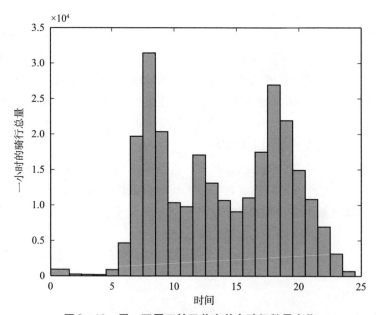

图 8 - 13　周一至周五某天共享单车骑行数量变化

　　在不同的时段，共享单车的骑行数量存在显著性差异，同时在不同的位置，骑行数量也存在显著性差异。为此，我们以高峰时段上午 7：30 ~ 8：30 的数据为例，对各个位置的骑行数据进行了聚类分析。其中，类数分别选定 200 类、500 类、1000 类和 2000 类的聚类结果如图 8 – 14 ~ 图 8 – 17 所示，其中，圆点的大小代表在该点附近骑行数量的多少。

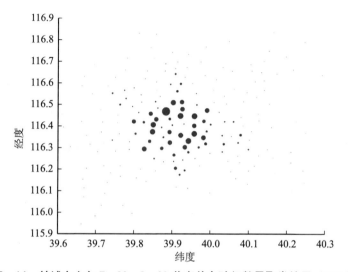

图 8 – 14　某城市上午 7：30 ~ 8：30 共享单车骑行数量聚类结果（200 类）

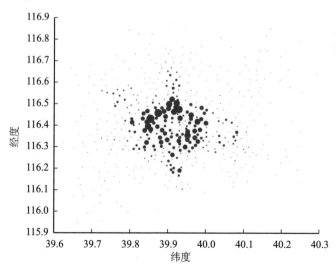

图 8 – 15　某城市上午 7：30 ~ 8：30 共享单车骑行数量聚类结果（500 类）

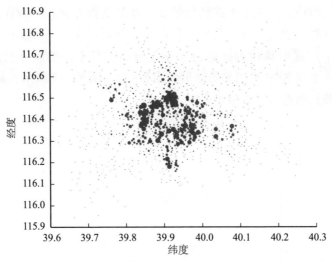

图 8 - 16　某城市上午 7：30 ~ 8：30 共享单车骑行数量聚类结果（1000 类）

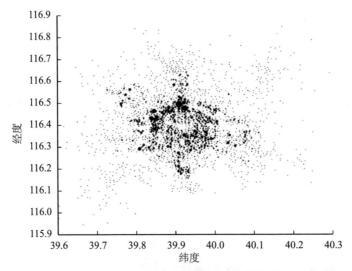

图 8 - 17　某城市上午 7：30 ~ 8：30 共享单车骑行数量聚类结果（2000 类）

　　通过图 8 - 14 ~ 图 8 - 17 可以发现，不同位置的共享单车骑行数量确实存在显著性差异，且城区中心位置的骑行数量相对较高。因此，共享单车企业在投放共享单车时，在城区中心位置应投放更多数量的共享单车。如果共享单车可以无限量地投放，那么在不同位置投放的数量应结合不同位置的共享单车骑行数量做出科学的决策。例如，不同位置不同时间段的骑行数量低于该位置存有的共享单车数量的概率高出事先设定好的置信水平等方案。如果企业没有足够的资金或政府约束他们投放足够的共享单车，那么他们只能通过合理的共享单车调度来满足共享单车高峰期的需求。

无论是哪一种共享单车投放模式，都需要有一个科学的依据来完成共享单车投放位置的合理指派。考虑到共享单车投放总量的固定性以及各位置骑行数量的不对称性，我们应该用科学的方式来完成单车位置的合理指派。其中较为合理的方式是根据各个典型位置骑行数量的分布函数完成共享单车的均衡分配。如果我们假定各个典型位置的骑行数量均值为 $ideal_j$，那么模型 8.16 即是共享单车最优指派方案。

下文以 1000 个聚类数量为例展开分析讨论。

（1）完成不同位置骑行数量的聚类分析。

结合原始的共享单车某天骑行数据（电子资源第 8 章文件夹中的共享单车文件夹中的 c10. csv）选取了上午 7：30 ~ 8：30 的骑行数据，并以骑行位置基础数据为例聚类为 1000 类。在每一类中，以类数和类的中心位置（所有位置的经纬度平均值）为基础数据进行了下一步的分析。

（2）聚类中心之间的距离计算。

对于大部分城市而言，其交通网络图都是东西南北正方形的交通网络结构图。因此，通常任意两个经纬度节点之间的距离由南北距离和东西街道距离构成。假设两点的经纬度坐标分别为（wz_jl(i, 1)，wz_jl(i, 2)）和（wz_jl(j, 1)，wz_jl(i, 2)），则计算该两点之间的街道距离的具体公式如下：

```
d(i,j)=distance([wz_jl(i,1),wz_jl(i,2)],[wz_jl(j,1),wz_
jl(i,2)],…
    almanac('earth','ellipsoid'))
 +distance([wz_jl(j,1),wz_jl(i,2)],…
    [wz_jl(j,1),wz_jl(j,2)],almanac('earth','ellipsoid'));
```

（3）选址数量的确定。

在现实的管理问题中，需要根据实际情况来确定具体的选址数量。例如，按照企业能够调配的调度人员数量，选定合适的选址半径，并最终确定最优的选址数量。然而，目前常规电脑对于大规模的选址节点和选址数量的计算量依然较难完成，而本例的节点数量又非常庞大，因此，本书仅对一些特殊的选址数量展开相关的分析。

（4）在指定选址数量下的业务量均衡化方案设定。

首先，假定选址个数为 30，选址半径为 3。利用模型 8.12 计算获得的最大覆盖量为 23129，具体选址结果如图 8 - 18 所示。其次，在取定误差为 500，各中心的理想业务量设定为平均业务量的情况下，利用模型 8.16 进一步求得的最优分配结果总体误差为 3325.1，覆盖量为 22629。每个中心平均有 750 辆左右的车辆，平均误差在 110 辆左右，选址结果较好，具体选址结果如图 8 – 19 所示。

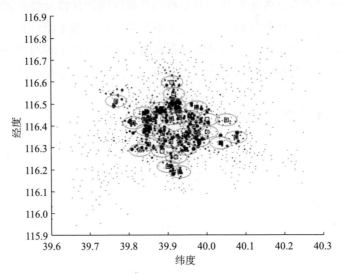

图 8 – 18　利用模型 8.12 的最终选址结果

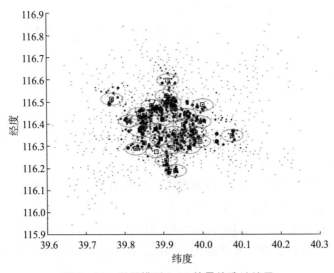

图 8 – 19　利用模型 8.16 的最终选址结果

（5）最优调度方案的设定。

在实现各选址中心业务的均衡分配之后，负责各中心调度的管理人员会优先将选址中心内部的车辆完成合理分配，在不能够满足各个位置需求的下限的情况下，可以通过以下模型进一步完成各中心之间的车辆调度任务。

$$\min \sum_{i=1}^{n} \sum_{j=1}^{n} d_{ij} t_{ij} \tag{8.95}$$

模型 8.17　　$s.t.$ 　　$\sum_{j=1}^{n} t_{ij} \geq B_i, \quad \forall i = 1, 2, \cdots, n \tag{8.96}$

$$\sum_{i=1}^{n} t_{ij} \leq C_j, \quad \forall j = 1, 2, \cdots, n \tag{8.97}$$

$$t_{ij} \geq 0, \quad \forall i, j = 1, 2, \cdots, n \tag{8.98}$$

在模型 8.17 中，d_{ij} 表示第 i 个选址中心到第 j 个选址中心的距离，B_i 表示第 t_{k+1} 时刻第 i 个位置的共享单车需求数量，C_j 表示第 t_k 时刻第 j 个位置拥有的车辆总数，t_{ij} 表示第 i 个位置运往第 j 个位置的车辆总数。

8.4　定位配给选址问题

定位—配给问题（location - allocation problem，LAP）一般指在考虑物流节点（生产地、物流中心）的选址与货物配给之间的相互关系后，对物流节点的数量和位置进行决策，使物流节点的总体固定成本和变动成本最小。在 LAP 研究中，一般认为物流中心到零售商的运输路线是放射线状的，即车辆每次配送完一个零售商后，就返回到原物流中心，其模式如图 8-20 所示。

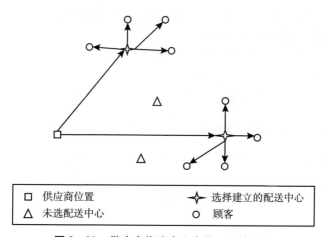

□　供应商位置　　　　★　选择建立的配送中心
△　未选配送中心　　　○　顾客

图 8-20　供应商物流中心定位—配给网络

8.4.1 定位配给问题基本模型

定位配给问题的基本模型如模型 8.18 所示。

$$\min \sum_{j=1}^{J} \sum_{k=1}^{K} c_j Q_{jk} + \sum_{j=1}^{J} \sum_{i=J+1}^{J+I} \sum_{k=1}^{K} c_{ji} X_{jik} + \sum_{j=1}^{J} \left(V_j U_j + \sum_{k=1}^{K} W_j U_{jk} \right) \quad (8.99)$$

模型 8.18 $s.t.$ $\displaystyle\sum_{j=1}^{J} X_{jik} \geqslant q_{jk}, \ i = J+1, \ J+2, \ \cdots, \ J+I; \ k = 1, \ 2, \ \cdots, \ K$

$$(8.100)$$

$$Q_{jk} = \sum_{i=J+1}^{J+I} X_{jik}, \ j = 1, \ 2, \ \cdots, \ J; \ k = 1, \ 2, \ \cdots, \ K \quad (8.101)$$

$$Q_{jk} - M U_j \leqslant 0 \quad (8.102)$$

决策变量包括：

$$U_j = \begin{cases} 1 & \text{如果 } j \text{ 是设施} \\ 0 & \text{否则} \end{cases}$$

$Q_{jk} \geqslant 0$；$D_{ik} \geqslant 0$；$j = 1, \ 2, \ \cdots, \ J$；$i = J+1, \ J+2, \ \cdots, \ J+I$；$k = 1, \ 2, \ \cdots, \ K$。其他参数的含义如下：

I：需求点集合；

J：所有备选配送设施集合；

c_m：供应商到物流设施 m 的单位运输费用；

Q_{mk}：零售商向物流设施 m 订购货物 k 的总量；

c_{mn}：物流设施 m 到零售商 n 的单位物资运输费率；

X_{mnk}：从物流设施 m 运输到零售商 n 的产品 k 的数量；

V_m：新建物流设施 m 的成本费用；

W_m：物流中心 m（部分产品种类）通过产品的变动费用；

q_{nk}：零售商 n 对货物 k 的需求量。

这是一个混合整数规划模型，求解这个模型后可以得到 Q_{mk}、X_{mnk} 和 U_m 的值。Q_{mk} 表示物流设施 m 的货物来源；$\sum_{k=1}^{K} Q_{mk}$ 决定物流设施的规模；X_{mnk} 表示物流设施 m 与零售商 n 的供求关系与供货量，从而可以得知物流设施的供货范围；$\sum_{m=1}^{M} U_m$ 表示供应商决定建立的物流设施的数量。

8.4.2 定位配给问题求解方法

令 $Q_{jk} = \displaystyle\sum_{i=J+1}^{J+I} X_{jik}$，$Z_j = \displaystyle\sum_{i=J+1}^{J+I} \sum_{k=1}^{K} X_{jik}$，则函数模型可变为：

$$\min f(X_{jik}) = \sum_{j=1}^{J} \sum_{i=J+1}^{J+I} \sum_{k=1}^{K} (c_j + c_{ji}) X_{jik} + \sum_{j=1}^{J} W_j (Z_j)^{\alpha} + \sum_{j=1}^{J} V_j sign(Z_j)$$

$$s.t. \quad Z_j = \sum_{i=J+1}^{J+I} \sum_{k=1}^{K} X_{jik}, j = 1, 2, \cdots, J$$

$$\sum_{j=1}^{J} X_{jik} = q_{jk}, i = J+1, J+2, \cdots, J+I; k = 1, 2, \cdots, K$$

其中，$0 < \alpha < 1$，说明配送中心的规模越大，单位成本越小，$sign(x)$ 为符号函数：

$$sign(x) = \begin{cases} 1 & x > 0 \\ 0 & x = 0 \\ -1 & x < 0 \end{cases}$$

由于目标函数 $f(X_{jik})$ 是非线性的，因此可以先求初始解，然后在随后的重复计算中逐步得到改进函数的解。

第一步：求初始解

首先，针对供应商和零售商的所有组合，求出每单位运输成本最小值 $C^1 = \min(c_j + c_{ji})$，再求运输问题的最优解：

$$\min \sum_{j=1}^{J} \sum_{i=J+1}^{J+I} \sum_{k=1}^{K} C^1 X_{jik}$$

$$s.t. \quad \sum_{i=1}^{J} X_{jik} = q_{ik}, \ i = J+1, J+2, \cdots, J+I; \ k = 1, 2, \cdots, K$$

假设求得上式的最优解为：X_{ijk}^1。

第二步：求二次解

由初始解 X_{jik}^1 的结果，可确定物流中心的通过量 Z_j^1，故可分别计算出各物流中心每单位量的运输、配送成本和物流中心每单位变动费的合计为最小的值，即求：

$C^2 = \min[c_j + c_{ji} + W_j \alpha (Z_j^1)^{\alpha-1}]$ 的值。再求下述运输问题的最优解：

$$\min \sum_{j=1}^{J} X_{jik} = q_{ik}, \ i = J+1, J+2, \cdots, J+I; \ k = 1, 2, \cdots, K$$

假设求得上式的最优解为 X_{jik}^2，由此可求得各物流中心的通过量为 Z_j^2。

第三步：求最优解

反复进行第二步的计算，将 $(\alpha-1)$ 次解得的物流中心通过量 $Z_j^{\alpha-1}$ 与第 α 次解得的物流中心通过量 Z_j^{α} 相比较，若相等，则终止计算；否则重复第二步的计算。

8.4.3 简化的定位配给选址模型

考虑到大规模的调度，如厂商与分厂商之间的调度，基本上都是基于点对点的调度，因此，模型 8.19 中提供了适合点对点服务的基于最佳调度距离的选址模型。

$$\min \sum_{i \in I} \sum_{j \in J} w_i d_{ij} z_{ij} \qquad (8.103)$$

模型 8.19
$$s.t. \quad \sum_{j \in J} z_{ij} = 1,\ i \in I \qquad (8.104)$$

$$\sum_{j \in J} x_j = P \qquad (8.105)$$

$$z_{ij} \leqslant x_j,\ i \in I,\ j \in J \qquad (8.106)$$

$$d_{ij} z_{ij} \leqslant D_i,\ i \in I,\ j \in J \qquad (8.107)$$

$$z_{ij},\ x_j \in \{0,\ 1\},\ i \in I,\ j \in J \qquad (8.108)$$

在模型 8.19 中，目标函数式（8.103）表示点对点配送完所有需求节点的加权运输距离最短；约束条件式（8.104）保证每一个需求节点恰好被一个配送设施所服务；约束条件式（8.105）从被选物流设施中选 P 个满足条件的物流设施；约束条件式（8.106）保证当备选中心被设为管理中心时才能对需求节点提供服务；约束条件式（8.107）保证业务节点与配送中心的距离不超过指定距离标准。

在选址数量确定的情况下，我们可以通过模型 8.20 求得最佳的选址位置和配送成本。然而在实际问题中，选址数量越多，其业务节点就越接近于选址中心，从而对应的配送成本就较低，但因选址位置处有对应的选址成本，因此也不能盲目地选择过多的选址数量。最好的方法是在选址固定成本和配送成本之间选择最优的方案。通过模型 8.20 可以确定最佳的选址数量及其选址结果。

$$\min \sum_{i \in I} \sum_{j \in J} w_i d_{ij} z_{ij} + C_j x_j \qquad (8.109)$$

模型 8.20
$$s.t. \quad \sum_{j \in J} z_{ij} = 1,\ i \in I \qquad (8.110)$$

$$\sum_{j \in J} x_j \geqslant p_{\min} + P \qquad (8.111)$$

$$z_{ij} \leqslant x_j,\ i \in I,\ j \in J \qquad (8.112)$$

$$d_{ij} z_{ij} \leqslant D_i,\ i \in I,\ j \in J \qquad (8.113)$$

$$z_{ij},\ x_j \in \{0,\ 1\},\ i \in I,\ j \in J \qquad (8.114)$$

$$P \geqslant 0 \text{ 且为整数} \qquad (8.115)$$

模型 8.20 中的 $p_{\min}$ 为选址个数的最小值，可通过模型 8.1 求得。

　　有时除了考虑总体成本的最小化外，可能还会关注各选址位置业务量的均衡性问题。为此，我们可以通过适当放宽选址成本来实现业务量的均衡分配的任务。

　　假设利用模型 8.20 计算获得的最优目标函数值为 $C_{\min}$，用 η 来表示对选址成本的松弛量，从而我们可以建立如模型 8.21 所示的实现业务量均衡分配的定位配给选址模型。

$$\min \sum_{i \in I} \sum_{i \in J} \left(e_j^+ + e_j^- \right) \tag{8.116}$$

模型 8.21　　　　
$$s.t. \quad \sum_{j \in J} z_{ij} = 1, \ i \in I \tag{8.117}$$

$$\sum_{j \in J} x_j \geqslant p_{\min} + P \tag{8.118}$$

$$z_{ij} \leqslant x_j, \ i \in I, \ j \in J \tag{8.119}$$

$$d_{ij} z_{ij} \leqslant D_i, \ i \in I, \ j \in J \tag{8.120}$$

$$\sum_{i \in I} \sum_{j \in J} w_i d_{ij} z_{ij} + C_j x_j \geqslant C_{\min} - \eta, \ j \in J \tag{8.121}$$

$$\sum_{i \in I} w_i z_{ij} - x_j ideal_j + e_j^+ - e_j^- = 0, \ j \in J \tag{8.122}$$

$$z_{ij}, \ x_j \in \{0, \ 1\}, \ i \in I, \ j \in J \tag{8.123}$$

$$P \geqslant 0 \ 且为整数 \tag{8.124}$$

$$e_j^+, \ e_j^- \geqslant 0 \ 且为整数 \tag{8.125}$$

第 9 章

物流选址推广化模型及其算法

9.1 渐进选址模型

1953 年,林德布洛姆(Charles E. Lindblom)与达尔(Robert A. Dahl)合著的《政治、经济和福利》(*Politics,Economics and Welfare*)中提出利用"渐进主义"来弥补理性计算的不足。在大部分选址项目中,选址考虑的因素常受到国家政策、地理位置以及行业竞争等因素的影响,需要在建设初期进行长远考虑,并逐步规划各个阶段的建设目标。

9.1.1 基本概念与模型

利用传统的 LSCP 模型找到最小选址数量,具体模型如下:

$$\min \sum_{j \in J} x_j \tag{9.1}$$

模型 9.1
$$s.t. \quad \sum_{T(j)} x_i \geqslant 1,\ i \in I \tag{9.2}$$

$$x_j \in \{0,1\},\ j \in J \tag{9.3}$$

通过 LSCP 得到最小的选址数量 $p_{\min}$ 后,结果通常存在不均衡情况。可以通过最大化服务设施中的最小工作量和最小化服务设施中的最大工作量,找到确定下限 L_{ideal} 和上限 U_{ideal} 的理想值,即通过模型 9.2 和模型 9.3 建立均衡模型改善结果。

$$\min U_{ideal} \tag{9.4}$$

模型 9.2
$$s.t. \quad \sum_{j \in J} x_j = p_{\min} \tag{9.5}$$

$$\sum_{j \in J} z_{ij} = 1,\ i \in I \tag{9.6}$$

$$z_{ij} \leqslant x_j,\ i \in T(j),\ j \in J \tag{9.7}$$

$$z_{ij} = 0,\ i \notin T(j),\ j \in J \tag{9.8}$$

$$\sum_{T(j)} w_i z_{ij} \leqslant U_{ideal}, j \in J \tag{9.9}$$

$$U_{ideal} \geqslant 0, \ x_j, \ z_{ij} \in \{0, 1\}, \ i \in T(j), \ j \in J \tag{9.10}$$

模型 9.2 得到的目标函数值命名为 U_{i0} 引入模型 9.3 中，从而得到 L_{ideal} 的取值。

$$\max L_{ideal} \tag{9.11}$$

模型 9.3 $\quad s.\,t. \quad \sum_{j \in J} x_j = p_{\min} \tag{9.12}$

$$\sum_{j \in J} z_{ij} = 1, \ i \in I \tag{9.13}$$

$$z_{ij} \leqslant x_j, \ i \in T(j), \ j \in J \tag{9.14}$$

$$z_{ij} = 0, \ i \notin T(j), \ j \in J \tag{9.15}$$

$$\sum_{T(j)} w_i z_{ij} \geqslant L_{ideal} - (1 - x_j) U_{i0}, \ j \in J \tag{9.16}$$

$$L_{ideal} \geqslant 0, \ x_j, \ z_{ij} \in \{0, 1\}, \ i \in T(j), \ j \in J \tag{9.17}$$

当备选设施未被选入时，限制条件式（9.16）中的 $-(1 - x_j) U_{i0}$ 可以确保 L_{ideal} 的取值是合理的。

根据模型 9.2 和模型 9.3 得到的目标函数值，可以计算出理想的服务设施工作量 $w_{ideal} = \dfrac{L_{ideal} + U_{ideal}}{2}$，从而可以建立对应的均衡选址模型，即模型 9.4。

$$\min \sum_{j \in J} \left(\sum_{T(j)} w_i z_{ij} - w_{ideal} \right)^2 \tag{9.18}$$

模型 9.4 $\quad s.\,t. \quad \sum_{j \in J} x_j = p_{\min} \tag{9.19}$

$$\sum_{j \in J} z_{ij} = 1, \ i \in I \tag{9.20}$$

$$z_{ij} \leqslant x_j, \ i \in T(j), \ j \in J \tag{9.21}$$

$$z_{ij} = 0, \ i \notin T(j), \ j \in J \tag{9.22}$$

$$x_j, \ z_{ij} \in \{0, 1\}, \ i \in T(j), \ j \in J \tag{9.23}$$

在模型 9.4 中，使用 z_{ij} 标记服务设施的服务对象，并将模型 9.4 计算出的目标函数值标记为 W_{opt}。

在需求已知且固定时，模型 9.4 可以平衡工作量并给出服务对象的最优分配。但是该模型的目标函数是非线性的二次函数形式，将其转化为对应的线性模型有利于提高计算速度，因此可以建立对应的线性化模型，即模型 9.5。

$$\min \sum_{j \in J} e_j^+ + e_j^- \tag{9.24}$$

模型 9.5 $\quad s.\,t. \quad \sum_{j \in J} x_j = p_{\min} \tag{9.25}$

$$\sum_{j \in J} z_{ij} = 1, \ i \in I \tag{9.26}$$

$$z_{ij} \leqslant x_j, \ i \in T(j), \ j \in J \tag{9.27}$$

$$z_{ij} = 0, \ i \notin T(j), \ j \in J \tag{9.28}$$

$$\sum_{i \in T(J)} w_i z_{ij} - x_j w_{ideal} + e_j^+ - e_j^- = 0, j \in J \tag{9.29}$$

$$x_j, \ z_{ij} \in \{0, \ 1\}, \ i \in T(j), \ j \in J \tag{9.30}$$

$$e_j^+, \ e_j^- \geqslant 0, \ j \in J \tag{9.31}$$

在模型 9.5 中，服务对象的最优分配方案可能存在服务设施和工作量重复的结果。在使用就近原则分配需求点时，需要在服务对象和服务设施之间适当放宽平衡约束，因此建立了模型 9.6。

$$\min \sum_{j \in J} \sum_{T(j)} w_i d_{ij} z_{ij} \tag{9.32}$$

模型 9.6
$$s.t. \quad \sum_{j \in J} x_j = p_{\min} \tag{9.33}$$

$$\sum_{j \in J} z_{ij} = 1, \ i \in I \tag{9.34}$$

$$z_{ij} \leqslant x_j, \ i \in T(j), \ j \in J \tag{9.35}$$

$$z_{ij} = 0, \ i \notin T(j), \ j \in J \tag{9.36}$$

$$\sum_{i \in T(J)} w_i z_{ij} - x_j w_{ideal} + e_j^+ - e_j^- = 0, j \in J \tag{9.37}$$

$$\sum_{j \in J} e_j^+ + e_j^- \leqslant W_{opt} + \varepsilon \tag{9.38}$$

$$x_j, \ z_{ij} \in \{0, \ 1\}, \ i \in T(j), \ j \in J \tag{9.39}$$

$$e_j^+, \ e_j^- \geqslant 0, \ j \in J \tag{9.40}$$

9.1.2 向前法

向前法是一种着眼于当前最优的选址方案。在初始阶段选择当前最优的建设方案，在随后的每一个阶段中，根据前一阶段的建设成果寻找当前最优的建设方案，这种方法更适合于项目未来发展不确定的情况。

向前法除第一阶段以外，其他阶段的模式相同，以选址半径 3KM、2KM、1KM 的渐进模型为例，在第一阶段之后，即选择 3KM 服务设施，可建立模型 9.7 进行后续半径服务设施的筛选。

$$\min \sum_{j \in J} \sum_{T(j)} \text{cost}_1 w_i d_{ij} z_{ij} + \sum_{j_1 \in J - J_3} \lambda_{j_1} x_{j_1} \tag{9.41}$$

模型 9.7
$$s.t. \quad \sum_{j \in J} z_{ij} = 1, \ i \in I \tag{9.42}$$

$$z_{ij} \leqslant x_j, \ i \in T(j), \ j \in J \tag{9.43}$$

$$z_{ij} = 0, \ i \notin T(j), \ j \in J \tag{9.44}$$

$$\sum_{i \in T(J)} w_i z_{ij} - x_j w_{ideal} + e_j^+ - e_j^- = 0, \ j \in J \tag{9.45}$$

$$\sum_{j \in J} e_j^+ + e_j^- \leqslant W_{opt} + \varepsilon \tag{9.46}$$

$$z_{ij} \in \{0, \ 1\}, \ i \in T(j), \ j \in J \tag{9.47}$$

$$x_{j_1} \in \{0, \ 1\}, \ x_{j_2} = 1, \ j_1 \in J - J_3, \ j_2 \in J_3 \tag{9.48}$$

$$e_j^+, \ e_j^- \geqslant 0, \ j \in J \tag{9.49}$$

与模型 9.6 相比，模型 9.7 对目标函数增加了单位运输成本 $cost_1$ 和选址成本 λ_{j_1}，使模型更贴合实际。在约束条件式（9.48）中，J 为全部备选节点构成的集合，J_3 为第一阶段 3KM 确定的服务节点构成的集合，$J - J_3$ 为全部备选节点中剔除 J_3 后剩下的部分，$J - J_3$ 为当前阶段的备选集合。

例 9.1：向前法下的充电桩选址

以某市为例，研究其充电桩的分布情况。通过不同服务半径的选取，得到不同服务半径下的选择方案，并逐步优化结果。在该地区电动汽车密度较小时，应设置较大的服务半径。随着电动汽车数量的快速增长，充电桩的服务半径也相应缩小。在电动汽车密度较低且未来可能受天气、地理、人口密度等因素影响的东北地区，可以采用向前法来减少未来可能的风险。

（1）基本数据的获取。

基于某市 141 个节点的经纬度和道路连接关系等相关数据，利用 Floyd 算法求出各节点之间的最短距离，得到各个主要小区之间的最短距离矩阵。参考武汉 2022 年 3 月 18 日国家电网充电次数（共计 787 次），设置 3KM、2KM 和 1KM 服务范围的业务量分别为 500 次、1000 次和 1500 次，随机分配业务量到 141 个节点。放宽平衡约束，取 $\varepsilon = 0.2 W_{opt}$。单位运输成本取 $cost_1 = 2$，选址成本 λ_{j_1} 根据距离城市中心的距离，设置为 10000 ~ 50000。

（2）向前法选址模型。

第一步：利用模型 9.1 计算出 3KM 服务范围下的最小选址数量 p_{min}，将其传入模型 9.2 计算出对应确定下限的理想值 L_{ideal}，再将 L_{ideal} 传入模型 9.3 得到上限的理想值 U_{ideal}，将 L_{ideal} 和 U_{ideal} 传入线性化后的模型 9.5 计算出 W_{opt}，最终将 W_{opt} 传入模型 9.6 得到 3KM 服务半径下的选址结果。

第二步：与第一步类似，依次计算 2KM 服务范围下的 p_{min}、L_{ideal}、U_{ideal} 和 W_{opt}。再将第一步计算出的 3KM 下的选址集合传入模型 9.7 中，设置该集合中的节点为 2KM 服务半径下的必选节点，得到 2KM 服务半径下的选址结果。

第三步：与第二步类似，依次计算 1KM 服务范围下的 p_{min}、L_{ideal}、U_{ideal} 和 W_{opt}。再将第二步计算出的 2KM 下的选址集合传入模型 9.7 中，设置该集合中的节点为1KM服务半径下的必选节点，得到1KM服务半径下的选址结果。具体结果如图9-1所示。

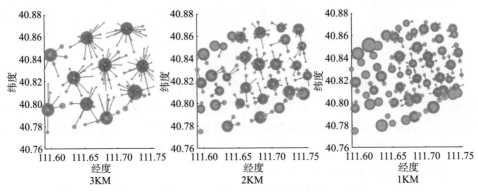

图9-1 例9.1向前法选址结果

相关程序在电子资源第9章文件夹中，文件名为：渐进选址模型，具体说明见NOTE文件。[①]

9.1.3 向后法

向后法是一种确保发展最终阶段最优的选址方案。在初始阶段以及其他阶段，均是基于最终阶段的最优选址方案，是从最终方案中选取当前阶段的最优建设方案，此方法更适合市场较为稳定、未来发展明确的情况。

向后法除第一阶段以外，在其他阶段的模式相同，以选址半径1KM、2KM和3KM的渐进模型为例，在第一阶段之后，即选择1KM服务设施之后，可建立模型9.8进行后续半径服务设施的筛选。

$$\min \sum_{j \in J} \sum_{T(j)} \text{cost}_1 w_i d_{ij} z_{ij} + \sum_{j_1 \in J_1} \lambda_{j_1} x_{j_1} \tag{9.50}$$

模型9.8

$$s.t. \quad \sum_{j \in J} x_j = p_{\min} \tag{9.51}$$

$$\sum_{j \in J} z_{ij} = 1, \ i \in I \tag{9.52}$$

$$z_{ij} \leqslant x_j, \ i \in T(j), \ j \in J \tag{9.53}$$

$$z_{ij} = 0, \ i \notin T(j), \ j \in J \tag{9.54}$$

$$\sum_{i \in T(J)} w_i z_{ij} - x_j w_{ideal} + e_j^+ - e_j^- = 0, \ j \in J \tag{9.55}$$

---

① 本章电子资源可发送邮件至前言中提及的邮箱索取。

$$\sum_{j \in J} e_j^+ + e_j^- \leqslant W_{opt} + \varepsilon \tag{9.56}$$

$$z_{ij} \in \{0, 1\}, \ i \in T(j), \ j \in J \tag{9.57}$$

$$x_{j_1} \in \{0, 1\}, \ x_{j_2} = 0, \ j_2 \in J - J_1, \ j_1 \in J_1 \tag{9.58}$$

$$e_j^+, \ e_j^- \geqslant 0, \ j \in J \tag{9.59}$$

在约束条件式（9.58）中，J 为全部备选节点构成的集合，J_1 为第一阶段 1KM 确定的服务节点构成的集合，$J - J_1$ 为全部备选节点中剔除 J_1 后剩下的部分，J_1 为当前阶段的备选集合。

例 9.2：向后法下的充电桩选址

以某市为例，研究其充电桩的分布情况。通过不同服务半径的选取，得到不同服务半径下的选择方案，并逐步优化结果。在该地区电动汽车密度较小时，应设置较大的服务半径。随着电动汽车数量的快速增长，充电桩的服务半径也相应缩小。在电动汽车密度高且保有量增速较高的华中以及各沿海地区，可采用向后法进行充电桩选址，以小服务半径规划未来的最终阶段，达到最终最优的目的。

（1）基本数据的获取。

基于某市 141 个节点的经纬度和道路连接关系等相关数据，利用 Floyd 算法求出各节点之间的最短距离，得到各个主要小区之间的最短距离矩阵。参考武汉 2022 年 3 月 18 日国家电网充电次数（共计 787 次），设置 1KM、2KM 和 3KM 服务范围的业务量分别为 1500 次、1000 次和 500 次，随机分配业务量到 141 个节点。放宽平衡约束，在 1KM 和 2KM 的服务半径下取 $\varepsilon = 0.2W_{opt}$，而在 3KM 的服务半径下取 $\varepsilon = 6.9W_{opt}$。单位运输成本取 $cost_1 = 2$，选址成本 λ_{j_1} 根据距离城市中心的距离，设置为 10000 ~ 50000。

（2）先后法选址模型。

第一步：利用模型 9.1 计算出 1KM 服务范围下的最小选址数量 p_{min}，将其传入模型 9.2 计算出对应确定下限的理想值 L_{ideal}，再将 L_{ideal} 传入模型 9.3 得到上限的理想值 U_{ideal}，将 L_{ideal} 和 U_{ideal} 传入线性化后的模型 9.5 计算出 W_{opt}，最终将 W_{opt} 传入模型 9.6 得到 1KM 服务半径下的选址结果。

第二步：与第一步类似，依次计算 2KM 服务范围下的 p_{min}、L_{ideal}、U_{ideal} 和 W_{opt}。再将第一步计算出的 1KM 下的选址集合传入模型 9.7 中，设置该集合中的节点为 2KM 服务半径下的备选节点，得到 2KM 服务半径下的选址结果。

第三步：与第二步类似，依次计算 3KM 服务范围下的 p_{min}、L_{ideal}、U_{ideal} 和 W_{opt}。再将第二步计算出的 2KM 下的选址集合传入模型 9.7 中，设置该集合中的节点为 3KM 服务半径下的备选节点，得到 3KM 服务半径下的选址结果。具体结果如图 9-2 所示。

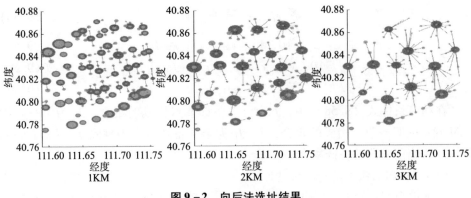

图 9 – 2   向后法选址结果

相关程序在电子资源第 9 章文件夹中，文件名为：渐进选址模型，具体说明见 NOTE 文件。

9.1.4   向前法与向后法

在选址实际时，向前法和向后法各有优劣。向前法是基于当前最优逐步选址，初期的选址情况可能在后期并不是最优的结果，导致成本上升。例 9.1 和例 9.2 得出的向前法和向后法的选址费用如表 9 – 1 所示。向前法是以最终阶段的结果最优为目标，由于最终选址的范围确定在前期的规划中，可能导致前期较大的不均衡分配，从而导致被服务群体体验参差不齐，所以应加快选址设施的建设。例 9.1 和例 9.2 得出的向前法和向后法的最小平衡约束如表 9 – 2 所示。

表 9 – 1   向前法和向后法的选址费用   单位：元

选址方案	1KM 选址费用	2KM 选址费用	3KM 选址费用	总费用
向前法	7.01E + 06	6.41E + 06	2.20E + 06	1.56E + 07
向后法	1.04E + 07	1.57E + 06	2.81E + 06	1.47E + 07

表 9 – 2   向前法和向后法的平衡约束

选址方案	ε（1KM）	ε（2KM）	ε（3KM）
向前法	131.80	60.50	4.80
向后法	131.80	60.50	165.60

9.2　分层选址模型

城市物流系统中存在不同层级的转运节点，它们并不是相对独立，而是相互关联的。在建立城市物流网络初期，应在考虑整个城市物流系统的前提下，选择不同层级的转运节点。

9.2.1　基本概念与模型

利用传统的 LSCP 模型，可以得到不同服务半径下的最小选址数量 $p_{\min}$。按照最小选址数量，以加权距离最小化为目标建立模型 9.9，选择具有上中下三层结构的分层选址模型的上游节点。

$$\min \sum_{j \in J} \sum_{i \in T(j)} w_i d_{ij} z_{ij} \tag{9.60}$$

模型 9.9
$$s.t. \quad \sum_{j \in J} x_j = p_{\min} \tag{9.61}$$

$$\sum_{j \in J} z_{ij} = 1, \ i \in I \tag{9.62}$$

$$z_{ij} \leq x_j, \ i \in T(j), \ j \in J \tag{9.63}$$

$$z_{ij} = 0, \ i \notin T(j), \ j \in J \tag{9.64}$$

$$x_j, \ z_{ij} \in \{0, 1\}, \ i \in I, \ j \in J \tag{9.65}$$

按照模型 9.9 求出的上游节点，以上游的转运费用和中游的投放运输费用之和作为总成本，将其最小化作为目标函数，综合考虑不同层级的运输费用，建立模型 9.10。

$$\min \sum_{i=1}^{n} \sum_{j=1}^{m} \sum_{k=1}^{n} x q_k y_{ijk} (d_{ik} cb_{3s} + cb_{4s}) + \sum_{i=1}^{n} \sum_{j=1}^{m} \sum_{k=1}^{n} x q_k y_{ijk} (d_{ij} cb_{1s} + cb_{2s}) \tag{9.66}$$

模型 9.10
$$s.t. \quad \sum_{i=1}^{n} x_i = p_{\min} \tag{9.67}$$

$$y_{ijk} \leq x_i, \ i, \ k \in 1, 2, \cdots, n, \ j \in 1, 2, \cdots, m \tag{9.68}$$

$$\sum_{i=1}^{n} \sum_{j=1}^{m} y_{ijk} = 1, \ k \in 1, 2, \cdots, n \tag{9.69}$$

$$\sum_{i=1}^{n} \sum_{k=1}^{m} x q_k y_{ijk} \leq ckl_j, \ j \in 1, 2, \cdots, m \tag{9.70}$$

$$x_i, \ y_{ijk} \in \{0, 1\}, \ i, \ k \in 1, 2, \cdots, n, \ j \in 1, 2, \cdots, m \tag{9.71}$$

9.2.2 实例演示

例 9.3：某市疫情物资配送方案设计问题

在城市物资配送过程中，常涉及多种车型。当运载量大时，适合采用吨数较大的货车；当运载量小时，适合采用吨数较小的货车。在实际管理过程中，要考虑不同层级的实际情况与车辆的经济性灵活选取。在转运多个社区物资时，采用大吨数货车转运，再由小货车进行分发的形式可能更优。而在转运单个社区且社区物资较少时，采用小货车直接送达的形式可能更加高效便捷。

（1）基本数据的获取。

基于某市九大城区交通网络数据和主要小区相关数据，读取出路口节点、道路连接情况、主要小区相关数据等。利用 Floyd 算法求出各路口节点之间的最短距离，然后找到各个小区距离最近路口节点，并计算两者之间的欧氏距离，从而得到各个主要小区之间的最短距离矩阵。

（2）分层选址模型。

第一步：利用模型 9.1 求解出所需服务半径下的最小选址数量 p_{min}；

第二步：利用模型 9.9 求解出某市九大城区的上游节点，上游节点个数设置为 2，权重设置为各小区的居民数量；

第三步：参考货拉拉运载价格标准，计算 1.8 吨、4 吨和 10 吨运载能力货车的各类费用。将最小选址数量 p_{min}、某市九大城区的上游节点和三类货车的相关费用传入模型 9.10 并设置需求 xq 和出库量 ckl，计算出花费最少的车辆运载方案如表 9-3 所示，相关可视化结果见图 9-3。

表 9-3　　　　　　　　　某市九大城区最佳运载方案

区域名称	运载方案	目标函数值
A 区	上游 1.8 吨、下游 10 吨	38426
B 区	上游 1.8 吨、下游 4 吨	28102
C 区	上游 1.8 吨、下游 10 吨	13134
D 区	上游 1.8 吨、下游 10 吨	14404
E 区	上游 1.8 吨、下游 10 吨	21343
F 区	上游 1.8 吨、下游 10 吨	26022
G 区	上游 1.8 吨、下游 10 吨	32301
H 区	上游 1.8 吨、下游 10 吨	13557
I 区	上游 1.8 吨、下游 10 吨	23581

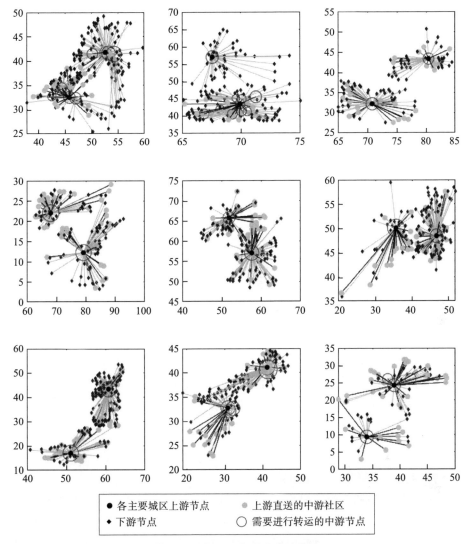

图 9 - 3　例 9.3 向后法选址结果

　　根据图 9 - 3 可知，部分社区密集城区需要中游转运，而对其他地区采取直接送达的方式可能更佳，因此可以考虑适当增加该部分的上游节点数量。

　　相关程序在电子资源第 9 章文件夹中，文件名为：分层选址模型。

9.3　迁址模型

　　通过分析当前选址的分配情况，有时会发现存在不完全覆盖的情况。迁址模型能在当前服务设施规模不变的情况下，通过适当调整服务设施的位置提高覆盖能力。

9.3.1 基本概念与模型

利用传统的 LSCP 模型得到不同服务半径下的最小选址数量 p_{min}。比较最小选址数量 p_{min} 和当前服务设施数量 N_p 的大小关系，当 $p_{min} > N_p$ 时，当前的服务设施数量已无法满足全部覆盖的半径条件，但可通过模型 9.11 提高模型的覆盖能力；当 $p_{min} \leqslant N_p$ 时，当前的服务设施数量可以满足全部覆盖的半径条件，并可通过模型 9.11 得到需要迁址的服务设施和需要建立设施的新地址。具体迁址模型如下所示：

$$\min \sum_{j \in T-P} (\alpha_1 \lambda_{1j} p_{change} + \alpha_2 \lambda_{2j}) x_j - \sum_{j \in P} (\alpha_1 \lambda_{1j} + \alpha_2 \lambda_{2j}) x_j \tag{9.72}$$

模型 9.11 $\quad s.t. \quad z_{ij} d_{ij} \leqslant r_0, \ i \in 1, 2, \cdots, n, \ j \in 1, 2, \cdots, m \tag{9.73}$

$$\sum_{j=1}^{m} x_j \leqslant N_p \tag{9.74}$$

$$\sum_{j=1}^{m} z_{ij} = 1, \ i \in 1, 2, \cdots, n \tag{9.75}$$

$$z_{ij} \leqslant x_j, \ i \in 1, 2, \cdots, n, \ j \in 1, 2, \cdots, m \tag{9.76}$$

$$x_j, \ z_{ij} \in \{0, 1\}, \ i \in 1, 2, \cdots, n, \ j \in 1, 2, \cdots, m \tag{9.77}$$

其中，P 为当前服务平台的集合；λ_{1j} 和 λ_{2j} 为不同的选址成本；N_p 为当前服务平台的数量；α_1 和 α_2 为权重；p_{change} 为迁址的总费用比例。

9.3.2 实例演示

例 9.4：交巡警平台优化问题（一）

在城市建设初期，交巡警平台的建设并未充分考虑总体覆盖的均衡性。通过 LSCP 模型分析题中数据可知，在 3KM 管辖半径下，最少需要 96 个交巡警平台才能满足覆盖需求，而短时间内增加交巡警平台的数量的可行性小，因此最佳方案是迁移当前部分的交巡警平台，使其满足相应的需求。

（1）基本数据的获取。

根据电子资源文件可以得到各路口节点的经纬度、连接情况、犯罪率和交巡警平台设置情况等数据。据此，利用 Floyd 函数计算出各路口之间的最短距离，然后利用模型 9.1 计算出城市中心，之后将各节点距离城市中心节点距离映射到 10000 ~ 50000，作为各节点的选址成本。

（2）迁址模型。

第一步：利用模型 9.1 计算出当前交巡警平台数量下的最小半径 r_0。

第二步：将各节点的选址成本和犯罪量进行极大极小标准化并正向化处理后，设置标准化后选址成本 λ_{1j} 和犯罪量 λ_{2j} 的权重分别为 α_1 和 α_2，加权求和后得到各节点的选址成本。在迁移过程中会产生许多隐藏费用，因此，利用 p_{change} 去提高迁移的成本，此处幅度不应过大。

第三步：将第一步和第二步设置的数据传入模型 9.11 得到需要迁移的路口节点、需要迁移的交巡警平台以及保持不变的交巡警平台，具体结果如图 9-4 所示。

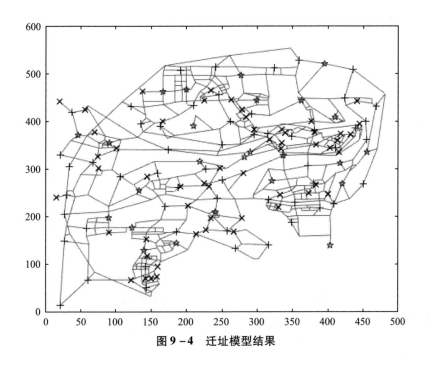

图 9-4　迁址模型结果

由图 9-4 可知，原有的 80 个交巡警平台中有 55 个需要迁移，迁移后的覆盖半径为 3.35KM，解决了原始交巡警平台设置中部分节点难以覆盖的问题，但代价较大。实际上，在 80 个交巡警平台的前提下，最小管辖半径可达到 3.35KM，表明在原有交巡警平台数量下仍能维持较优的覆盖半径，但由于城市发展，部分节点已远超出交巡警平台的管辖范围，因此需要调整 55 个交巡警平台，以保证最优的覆盖。各个交巡警平台应根据城市的发展情况及时调整其位置，并且可以建立移动式交巡警平台，以降低迁址费用。

9.4 扩充选址模型

扩充选址模型会以当前服务设施的设置为基础，找到最佳的扩充设施建设点。在当前服务设施分布无法完全覆盖或为缩减管辖范围提高效率的情况下，扩充选址模型可以适当增加服务设施的数量来满足上述要求。

9.4.1 基本概念与模型

扩充选址模型是基于传统的 LSCP 模型得到的最小选址数量 p_{min} 的基础上，根据既有服务平台的实际情况，适当增加选址数量来实现增加选址的优化模型。具体扩充选址模型如下：

$$\min \sum_{j_2 \in T-P} (\alpha_1 \lambda_{1j} + \alpha_2 \lambda_{2j}) x_{j_2} \tag{9.78}$$

模型 9.12　　*s. t.*　$z_{ij} d_{ij} \leqslant r_0, \ i \in 1, \ 2, \ \cdots, \ n, \ j \in T \tag{9.79}$

$$\sum_{j=1}^{m} x_j \leqslant U_p \tag{9.80}$$

$$\sum_{j=1}^{m} z_{ij} = 1, \ i \in 1, \ 2, \ \cdots, \ n \tag{9.81}$$

$$z_{ij} \leqslant x_j, \ i \in 1, \ 2, \ \cdots, \ n, \ j \in T \tag{9.82}$$

$$x_{j_1} = 1, \ j_1 \in P \tag{9.83}$$

$$x_{j_2}, \ z_{ij} \in \{0, \ 1\}, \ i \in 1, \ 2, \ \cdots, \ n, \ j_2 \in T-P \tag{9.84}$$

其中，P 为既有服务平台的集合；$T-P$ 为当前扩充的备选集合；U_p 为参考 p_{min} 得到的选址数量，且 $U_p \geqslant p_{min}$。

9.4.2 实例演示

例 9.5：交巡警平台优化问题（二）

在城市规划建设的后期，由于人口密度的增加和分布不均，需要适当增加交巡警平台。通过 LSCP 模型可知，在 3KM 的管辖半径下，最少需要 96 个交巡警平台才能满足覆盖需求，而既有的 80 个交巡警平台的设置并非是 96 个交巡警平台下的理想情况，因此需要在 96 个平台的基础上再增加一定数量的交巡警平台即可满足需求，实现 3KM 的管辖。

（1）基本数据的获取。

根据电子资源文件可以得到各路口节点的经纬度、连接情况、犯罪率和交巡警平台设置情况等数据。据此，利用 Floyd 函数计算出各路口之间的最短距离，然后利用模型 9.1 计算出城市中心，之后将各节点距离城市中心节点的距离映射到 10000 ~ 50000，作为各节点的选址成本。

（2）扩充选址模型。

第一步：利用模型 9.1 计算出 3KM 管辖范围下的交巡警平台数量 $p_{\min}$，并参考 $p_{\min}$ 设置最终的交巡警平台数量上界 U_p，限制最大选址数量。

第二步：将各节点的选址成本和犯罪量进行极大极小标准化并正向化后，设置标准化后选址成本 λ_{1j} 和犯罪量 λ_{2j} 的权重分别为 α_1 和 α_2，加权求和后得到各节点的选址成本。

第三步：将第一步和第二步设置的数据传入模型 9.12 得到需要扩充的路口节点位置，具体结果如图 9 - 5 所示。

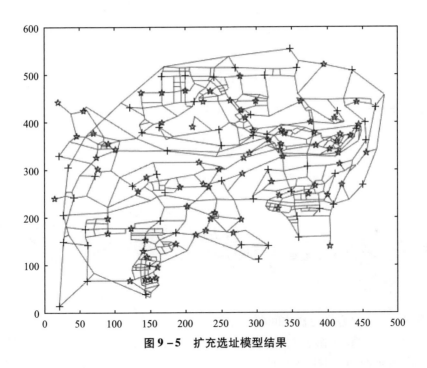

图 9 - 5　扩充选址模型结果

由图 9 - 5 可知，在原有 80 个交巡警平台的基础上增设了 54 个交巡警平台后满足了 3KM 管辖范围的需求，解决了既有交巡警平台设置对部分节点难以覆盖的问题，但代价较大。实际上，如果不考虑原有交巡警平台位置时，仅需使用 96 个交巡警平台就能够实现 3KM 覆盖所有节点位置的需求，那么增设的交巡警平台数量仅为 16 个，比 54 个少了 38 个，这在另一方面反映了原有交巡警平台设置的不合理性。因此，在扩充选址模型中，对原有的选址位置的合理性有较高要求。

9.5 减址模型

减址模型是在既有设施中选择出一定数量的最佳设施，以满足部分条件的变化。在人口密度下降的区域，可以通过扩大管辖范围、减少平台数量的方案来减少地方开支。在处理特殊情况时，只需要调配部分平台资源，实行大范围的管辖即可避免人力浪费。

9.5.1 基本概念与模型

减址模型是以既有的服务平台为备选集合，参考传统的 LSCP 模型得到的最小选址数量 $p_{\min}$，在满足需求的前提下适当减少服务平台数量的优化模型，具体减址模型如下：

$$\min \sum_{j_1 \in P} (\alpha_1 \lambda_{1j} + \alpha_2 \lambda_{2j}) x_{j_1} \tag{9.85}$$

模型 9.13　　$s.t.$　$z_{ij} d_{ij} \leqslant r_0,\ i \in 1,\ 2,\ \cdots,\ n,\ j \in T$ 　(9.86)

$$\sum_{j=1}^{m} x_j \leqslant L_p \tag{9.87}$$

$$\sum_{j=1}^{m} z_{ij} = 1,\ i \in 1,\ 2,\ \cdots,\ n \tag{9.88}$$

$$z_{ij} \leqslant x_j,\ i \in 1,\ 2,\ \cdots,\ n,\ j \in T \tag{9.89}$$

$$x_{j_2} = 0,\ j_2 \in T - P \tag{9.90}$$

$$x_{j_1},\ z_{ij} \in \{0,\ 1\},\ i \in 1,\ 2,\ \cdots,\ n,\ j_1 \in P \tag{9.91}$$

9.5.2 实例演示

例 9.6：交巡警平台优化问题（三）

在城市发生紧急情况时，需要调配大量警力，但仍需要保留部分警力处理日常事务，减址模型可筛选出最佳的留守平台。通过分析题中数据，可以得到交巡警平台的最大管辖半径，利用 LSCP 模型可以计算出对应最少的交巡警服务平台数量 $p_{\min}$，参考 $p_{\min}$ 的取值设置选址数量，提供尽可能大的警力资源用于城市紧急事件。

（1）基本数据的获取。

根据电子资源文件，可以得到各路口节点的经纬度、连接情况、犯罪率和交巡警平台设置情况等数据，然后利用 Floyd 函数计算出各路口之间的最短距离。筛选距离矩阵中各节点到交巡警平台最小值中的最大值，可以得到交巡警平台最大的管辖半径。利用模型 9.1 计算出城市中心，之后将各节点距离城市中心节点距离映射到 10000 ~ 50000，作为各节点的选址成本。

（2）减址模型。

第一步：利用模型 9.1 计算出交巡警平台的最大管辖半径下的交巡警平台数量 $p_{\min}$，参考 $p_{\min}$ 设置最终的交巡警平台数量上界 L_p 限制减址数量；

第二步：将各节点的选址成本和犯罪量进行极大极小标准化并正向化后，设置标准化后选址成本 λ_{1j} 和犯罪量 λ_{2j} 的权重分别为 α_1 和 α_2，加权求和后得到各节点的选址成本；

第三步：将第一步和第二步设置的数据传入模型 9.13 得到最终的减址方案，具体结果如图 9-6 所示。

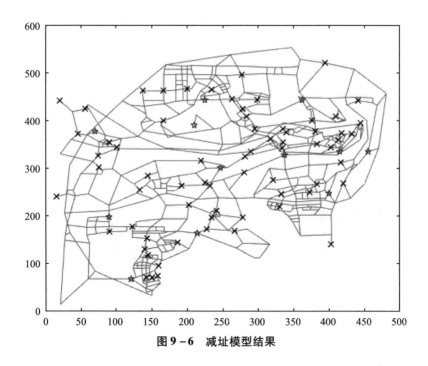

图 9-6　减址模型结果

由图 9-6 可知，在原有 80 个交巡警平台和最大管辖半径 12.68KM 的基础上减少了 68 个，仅剩 12 个交巡警平台用于在抽调警力时的保留方案。这些保留的交巡警平台是在管辖范围的极限上筛选的结果，是能够在特殊情况下保证最基本管理需求的最优交巡警平台。对于这些保留的交巡警平台，应该增加设施规模和人员数量，提高应对突发事件的能力。对于其他交巡警平台，可以采取适当缩小规模的方式提高其灵活性，方便未来合并与搬迁。

例 9.7：某石油公司油库关停策略设计

某石油公司在某地设立的 21 个石油油库已经处于过饱和状态，部分油库使用效率较低，为了减小运营现金流，缓解资金压力，可通过关停部分油库来实现。因此，可利用减址模型关停部分非必要的油库。

（1）符号说明。

本实例各个符号与决策变量相关说明如下：

$yycb_i$ 表示第 i 个油库的运营成本；

$gbcb_i$ 表示当第 i 个油库关闭时仍会产生的成本；

$yhzgcb_i$ 表示第 i 个油库的隐患整改成本；

yl_{ik} 表示第 i 个油库的第 k 类油的最大供给量；

$dwrkcb_i$ 表示第 i 个油库的单位入库成本；

d_{ij} 表示第 i 个油库到第 j 个加油站的实际距离；

$dwysfy$ 表示油库到加油站的单位运输费用；

w_{jk} 表示第 j 个加油站第 k 类油的需求量；

x_i 表示是否选择继续运营第 i 个油库；

y_{ijk} 表示第 i 个油库是否给第 j 个加油站配送第 k 类油。

（2）油库关停模型。

在考虑关闭该地部分油库时，常需要考虑运营成本、运输成本、关闭成本、隐患整改成本。其中，关闭成本和隐患整改成本分别针对需要关闭的油库和需要保留的油库。因此，在保证加油站正常运营的前提下可建立模型 9.14 关停部分油库，减少公司的整体成本。

$$\min \sum_{i=1}^{n} (yycb_i + yhzgcb_i) x_i + \sum_{i=1}^{n} gbcb_i (1 - x_i) +$$

$$\sum_{i=1}^{n} \sum_{j=1}^{m} \sum_{k=1}^{s} dwysfyd_{ij} w_{jk} y_{ijk} +$$

$$\sum_{i=1}^{n} \sum_{j=1}^{m} \sum_{k=1}^{s} dwyrkcb_i d_{ij} w_{jk} y_{ijk} \tag{9.92}$$

模型 9.14 $s.t.$ $$\sum_{j=1}^{m} w_{jk} y_{ijk} \leqslant yl_{ik}, \ \forall i, \ k \tag{9.93}$$

$$y_{ijk} \leqslant x_i, \ \forall i, \ j, \ k \tag{9.94}$$

$$\sum_{i=1}^{n} y_{ijk} = 1, \ \forall j, \ k \tag{9.95}$$

$$\sum_{i=1}^{n} x_i = p \tag{9.96}$$

$$x_i, \ y_{ijk} \in \{0, \ 1\} \qquad\qquad (9.97)$$

模型 9.14 以该地全部油库的总成本最小化为目标；约束条件式（9.93）表示第 i 个油库管辖的所有加油站的 k 类油供给之和不超过第 i 个油库的最大供给量；约束条件式（9.94）表示在选择第 i 个油库时才可分配加油站；约束条件式（9.95）表示一个加油站的一种油只能被一个油库所供给；约束条件式（9.96）表示保留 p 个油库。

具体步骤如下：

第一步：导入相关的成本以及油量数据，并找到各油库到加油站的距离。如果存在实际运输的距离数据的情况则采用实际运输距离，反之则采用经纬度距离的 1.1 倍模拟实际运输距离。

第二步：将第一步的数据传入模型 9.14 中，得到对应的减址方案、管辖范围以及各部分成本，具体结果见表 9 - 4。

表 9 - 4 不同数量下的油库关停总成本

保留油库数（个）	总成本（万元）	运营成本（万元）	隐患改造成本（万元）	关闭成本（万元）	运输成本（万元）	入库成本（万元）
10	73463.38	6139.61	1684.60	1456.86	27263.59	36918.72
11	73250.75	6581.85	1829.60	1237.82	24388.22	39213.26
12	73203.01	6860.69	1894.50	1154.83	23733.38	39559.62
13	73293.52	7137.09	2014.50	1017.12	22704.08	40420.74
14	73405.29	7628.75	2136.62	833.74	22164.52	40641.65
15	73590.49	7860.60	2201.62	730.52	22096.52	40701.23
16	74023.65	8278.00	2321.62	626.28	22096.52	40701.23
17	74488.27	8468.67	2789.62	542.79	22016.61	40670.59
18	74956.85	9027.19	2842.12	488.33	21631.19	40968.03
19	75428.13	9326.90	3342.12	285.20	21522.30	40951.62
20	76298.52	10099.81	3628.12	96.80	21531.62	40942.16
21	77179.42	10623.31	4082.47	0.00	21534.09	40939.55

第三步：筛选出总成本最小的减址方案并对相关结果进行可视化展示，具体结果如图 9 - 7 所示。

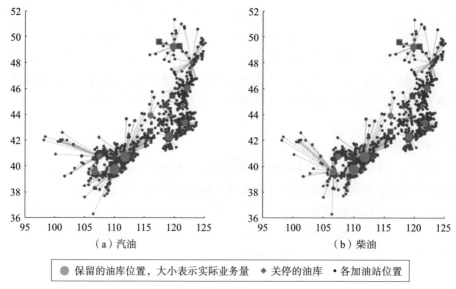

（a）汽油　　　　　　　　　　　　　　（b）柴油

● 保留的油库位置，大小表示实际业务量　◆ 关停的油库　• 各加油站位置

图9-7　油库关停模型结果

在图9-7中，（a）和（b）分别表示保留12个油库时汽油和柴油的关停及管辖方案。通过分析图中加油站节点可知，在加油站密集的左下方区域中，油库关闭数量较少，较为合理。

通过表9-4可知，在保留12个油库时总成本达到最小。在保留10~14个油库时，总成本均处于较低的水平，因而可结合实际情况选择更合理的关停方案。其中，在保留10个油库时运营成本、隐患改造成本以及入库成本在此范围内最小，但关闭成本与运输成本上升较快，导致总体成本略大，未来若存在较大的市场需求时，可考虑选择保留12~14个油库的方案。

相关程序在电子资源第9章文件夹中，文件名为：油库关停模型。

9.6　增减迁址模型

增减迁址模型综合考虑增加、减少和迁移三个方面，权衡各种因素得到最佳的服务平台调整方案。该模型可以通过两种方式来降低选址的整体成本并实现最大程度的满足需求：一是减少或迁移成本较高的节点；二是增加成本低或有需求的节点。

9.6.1　基本概念与模型

增减迁址模型是将既有的服务平台和未选取的节点作为备选节点，而减址模型和扩充选址模型分别是将既有的服务平台和未选取的节点作为备选集合。这些模型参考传统的 LSCP 模型得到的最小选址数量 $p_{\min}$，在满足需求的前提下调整成本高的服务平台数量，增加成本低的服务平台的优化模型。具体模型如下：

$$\min \sum_{j \in T-P} (\lambda_{1j} p_{change} + \lambda_{2j}) x_j - \sum_{j \in P} (\lambda_{1j} + \lambda_{2j}) x_j \qquad (9.98)$$

模型 9.15 $s.t. \quad z_{ij} d_{ij} \leqslant r_0, \ i \in 1, 2, \cdots, n, \ j \in 1, 2, \cdots, m \qquad (9.99)$

$$L_p \leqslant \sum_{j=1}^{m} x_j \leqslant U_p \qquad (9.100)$$

$$\sum_{j=1}^{m} z_{ij} = 1, \ i \in 1, 2, \cdots, n \qquad (9.101)$$

$$z_{ij} \leqslant x_j, \ i \in 1, 2, \cdots, n, \ j \in 1, 2, \cdots, m \qquad (9.102)$$

$$x_j, \ z_{ij} \in \{0, 1\}, \ i \in 1, 2, \cdots, n, \ j \in 1, 2, \cdots, m \qquad (9.103)$$

其中，P 表示既有服务平台的集合；T 表示当前备选集合；p_{change} 表示迁址的总费用比例。

9.6.2 实例演示

例 9.8：交巡警平台优化问题（四）

在已建立部分交巡警服务平台的基础上，若要优化当前交巡警平台的设置，使其达到完全覆盖并且成本最小，则需要将增加、减少和迁移三种方案相结合。增减迁址模型可以利用各种方案的优点，从而使得成本更小，效果更好。

（1）基本数据的获取。

根据电子资源文件，可以得到各路口节点的经纬度、连接情况、犯罪率和交巡警平台设置情况等数据，然后利用 Floyd 函数计算出各路口之间的最短距离。筛选距离矩阵中各节点到交巡警平台最小值中的最大值，可以得到交巡警平台最大的管辖半径。利用模型 9.1 计算出城市中心，之后将各节点距离城市中心节点距离映射到 10000 ~ 50000，作为各节点的选址成本。

（2）增减迁址模型。

第一步：利用模型 9.1 计算出 3KM 的交巡警平台数量 $p_{\min}$，参考 $p_{\min}$ 设置最终的交巡警平台数量上下界 L_p 和 U_p 限制选址数量；

第二步：将各节点的选址成本和犯罪量进行极大极小标准化且正向化后，设置标准化后选址成本 λ_{1j} 和犯罪量 λ_{2j} 的权重分别为 α_1 和 α_2，加权求和后得到各节点的选址成本；

第三步：将第一步和第二步设置的数据传入模型 9.14 得到最终的增减方案，具体结果如图 9 - 8 所示。

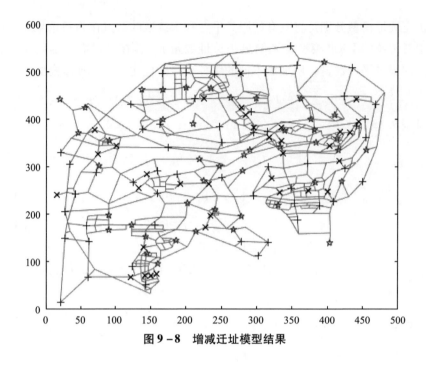

图 9 - 8   增减迁址模型结果

由图 9 - 8 可知，在原有 80 个交巡警平台和覆盖半径 3KM 的前提下，需要迁移 34 个交巡警平台、增设 20 个交巡警平台、保留 46 个交巡警平台，与扩充选址模型相比在覆盖半径 3KM 的前提下少增加 20 个交巡警平台，与迁址模型相比覆盖半径降低 0.35KM，且迁移数量减少了 21 个交巡警平台，该模型的效果比扩充选址模型或迁址模型都更优。

相关程序在电子资源第 9 章文件夹中，文件名为：增减迁址模型。

第 10 章

有向均衡选址模型及其城市排水系统优化设计问题中的应用

有向选址模型是基于有向图建立的，是一类邻接矩阵不一定以对称矩阵表示的选址模型。生活中有许多应用场景需要使用有向选址模型，例如调控银行现金流动、雨水规划利用、交通单向车道规划等。相较于传统基于无向图的选址模型，有向选址模型更符合实际情况，是传统基于无向选址模型的一个推广。

10.1 有向加权图（网）的邻接矩阵表示法

在实际应用中，有向图常采用加权的形式表示实际的距离关系，本节以某市某高校部分节点数据为例，展示如何利用经纬度和连接关系数据生成有向加权图（网）的邻接矩阵。节点连接关系如图 10-1 所示。

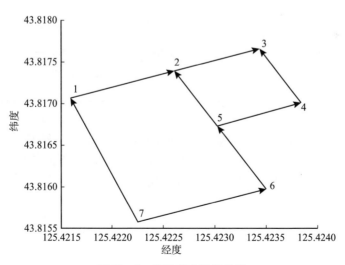

图 10-1　部分节点连接关系

图 10-1 中所涉及的经纬度数据与连接关系如表 10-1 和表 10-2 所示。

表 10-1　　　　　　　　　　部分节点经纬度关系

节点编号	经度	纬度
1	125. 4216	43. 8171
2	125. 4226	43. 8174
3	125. 4234	43. 8177
4	125. 4238	43. 8170
5	125. 4230	43. 8167
6	125. 4235	43. 8160
7	125. 4222	43. 8156

表 10-2　　　　　　　　　　部分节点连接关系

线路编号	起点	终点
1	2	3
2	1	2
3	5	2
4	4	3
5	5	4
6	6	5
7	7	6
8	7	1

将表 10-1 和表 10-2 中的经纬度和起终点数据以列向量形式存储在 LonAndLat 和 links 变量中，运行电子资源第 10 章文件夹下的 AdjacencyMatrix. m 程序①即可得到如下邻接矩阵 a，具体结果如下：

_____

① 本章电子资源可发送邮件至前言中提及的邮箱索取。

$$\begin{array}{ccccccc}
0 & 0.09 & \text{Inf} & \text{Inf} & \text{Inf} & \text{Inf} & \text{Inf} \\
\text{Inf} & 0 & 0.07 & \text{Inf} & \text{Inf} & \text{Inf} & \text{Inf} \\
\text{Inf} & \text{Inf} & 0 & \text{Inf} & \text{Inf} & \text{Inf} & \text{Inf} \\
\text{Inf} & \text{Inf} & 0.08 & 0 & \text{Inf} & \text{Inf} & \text{Inf} \\
\text{Inf} & 0.08 & \text{Inf} & 0.07 & 0 & \text{Inf} & \text{Inf} \\
\text{Inf} & \text{Inf} & \text{Inf} & \text{Inf} & 0.09 & 0 & \text{Inf} \\
0.17 & \text{Inf} & \text{Inf} & \text{Inf} & \text{Inf} & 0.11 & 0
\end{array}$$

其中，存在连接关系使用 distance 函数按照实际距离设置，对于不存在连接关系的则取 Inf，如节点 2 到节点 3 存在有向连接关系，则在矩阵 a 的第 2 行第 3 列填充实际距离 0.07。而节点 1 到节点 3 不存在连接关系则在矩阵 a 的第一行第 3 列填充 Inf，另外，每个节点到该节点自己的距离取值为 0。

10.2　有向选址模型

随着科技和工业化的飞速发展，工业用水和生活用水的需求量激增，导致水资源短缺问题日益严重。同时，全球极端降水事件随着全球气候变动而频发，过量降水不仅未能有效用于解决水资源短缺问题，而且对各个方面会造成重大的损失。

本节以雨水规划利用项目为背景，建立多目标有向选址模型，使上下游雨水能够充分存储利用，并考虑后期雨水排出通道，保证储蓄雨水的同时水路畅通。

本章 10.2 节和 10.3 节各符号的说明如下：

i 表示第 i 个上游节点；

k 表示第 k 个下游节点；

j 表示第 j 个备选节点；

$TS_i(j)$ 表示在指定覆盖半径下能够覆盖第 i 个上游节点的第 j 个备选节点；

$TX_k(j)$ 表示在指定覆盖半径下能够覆盖第 k 个下游节点的第 j 个备选节点；

$Output_i$ 表示第 i 个上游节点的业务产量；

$Input_k$ 表示第 k 个下游节点的业务销量；

e_j^+，e_j^- 表示第 j 个备选节点产量低于销量和高于销量的总量；

$x_j \in \{0, 1\}$ 表示第 j 个节点被选择时为 1，反之为 0；

$y_{ij} \in \{0, 1\}$ 表示第 i 个节点的业务被第 j 个备选节点覆盖时为 1，反之为 0；

$z_{jk} \in \{0, 1\}$ 表示第 k 个节点的销量被第 j 个备选节点所覆盖时为 1，反之为 0。

在雨水的规划利用中，由于管理与成本等诸多因素的限制，需要使雨水尽可能多地汇集到少量的中间节点进行存储，因此需要最大化上游节点产量和下游节点销量。为此建立模型 10.1 如下：

$$\max \sum_{i=1}^{n} \sum_{j=1}^{m} Output_i y_{ij} + \sum_{k=1}^{n} \sum_{j=1}^{m} Input_k z_{jk} \tag{10.1}$$

模型 10.1

$$s.t. \quad \sum_{j=1}^{m} x_j = P \tag{10.2}$$

$$\sum_{j=1}^{m} y_{ij} \leqslant 1, \quad \forall i = 1, 2, \cdots, n \tag{10.3}$$

$$\sum_{j=1}^{m} z_{jk} \leqslant 1, \quad \forall k = 1, 2, \cdots, s \tag{10.4}$$

$$y_{ij} \leqslant x_j, \quad i \in TS_i(j), \quad j = 1, 2, \cdots, m \tag{10.5}$$

$$z_{jk} \leqslant x_j, \quad k \in TX_k(j), \quad j = 1, 2, \cdots, m \tag{10.6}$$

$$y_{ij} = 0, \quad i \notin TS_i(j), \quad j = 1, 2, \cdots, m \tag{10.7}$$

$$z_{jk} = 0, \quad i \notin TX_k(j), \quad j = 1, 2, \cdots, m \tag{10.8}$$

$$x_j, \ y_{ij}, \ z_{jk} \in \{0, 1\}, \ i = 1, 2, \cdots, n, \ k = 1, 2, \cdots, s, \ j = 1, 2, \cdots, m \tag{10.9}$$

模型 10.1 以上游节点产量与下游节点销量最大化为目标；约束条件式（10.2）表示选择的备选节点数量为 P；约束条件式（10.3）表示每一个上游节点业务最多被一个备选节点所覆盖；约束条件式（10.4）表示每一个下游节点业务最多被一个备选节点所覆盖；约束条件式（10.5）保证只有当备选节点被选择时上游节点才能够被覆盖；约束条件式（10.6）保证只有当备选节点被选择时下游节点才能够被覆盖；约束条件式（10.7）保证当上游节点不被覆盖时相应节点不属于其备选节点集合；约束条件式（10.8）保证当下游节点不被覆盖时相应节点不属于其备选节点集合。

10.3 有向均衡选址模型

在雨水的规划利用中，为保证水路畅通，应对每一个节点的上游产量和下游销量进行匹配，以保证在蓄水结束后节点不会大规模积水。因此，可对模型 10.1 进行修改，添加松弛约束并在目标函数中加入匹配指标，故可建立模型 10.2 如下：

$$\max \sum_{i=1}^{n} \sum_{j=1}^{m} Output_i y_{ij} + \sum_{k=1}^{n} \sum_{j=1}^{m} Input_k z_{jk} - \sum_{j=1}^{m} (e_j^+ + e_j^-) \tag{10.10}$$

模型 10.2
$$s.t. \quad \sum_{j=1}^{m} x_j = P \tag{10.11}$$

$$\sum_{j=1}^{m} y_{ij} \leq 1, \quad \forall i = 1, 2, \cdots, n \tag{10.12}$$

$$\sum_{j=1}^{m} z_{jk} \leq 1, \quad \forall k = 1, 2, \cdots, s \tag{10.13}$$

$$y_{ij} \leq x_j, \quad i \in TS_i(j), \quad j = 1, 2, \cdots, m \tag{10.14}$$

$$z_{jk} \leq x_j, \quad k \in TX_k(j), \quad j = 1, 2, \cdots, m \tag{10.15}$$

$$y_{ij} = 0, \quad i \notin TS_i(j), \quad j = 1, 2, \cdots, m \tag{10.16}$$

$$z_{jk} = 0, \quad i \notin TX_k(j), \quad j = 1, 2, \cdots, m \tag{10.17}$$

$$\sum_{i=1}^{n} Output_i y_{ij} - \sum_{k=1}^{s} Input_k z_{jk} + e_j^+ - e_j^- = 0, \quad j \in J \tag{10.18}$$

$$x_j, \ y_{ij}, \ z_{jk} \in \{0, 1\}, \ e_j^+, \ e_j^- \geq 0, \ i = 1, 2, \cdots, n,$$
$$k = 1, 2, \cdots, s, \ j = 1, 2, \cdots, m \tag{10.19}$$

模型 10.2 以上游节点产量与下游节点销量最大化的同时考虑产销均衡为目标；约束条件式（10.18）使上游节点的雨水量尽可能匹配下游节点的销量。

在降水匮乏的地区，首要目标是储存雨水，需要尽可能地增加上游节点数量以保证充足的雨水来源。而模型 10.2 目标函数中的均衡目标会产生部分浪费，故可建立模型 10.3 如下：

$$\max \sum_{i=1}^{n} \sum_{j=1}^{m} Output_i y_{ij} + \sum_{k=1}^{n} \sum_{j=1}^{m} Input_k z_{jk} - \sum_{j=1}^{m} e_j^+ \tag{10.20}$$

模型 10.3
$$s.t. \quad \sum_{j=1}^{m} x_j = P \tag{10.21}$$

$$\sum_{j=1}^{m} y_{ij} \leq 1, \quad \forall i = 1, 2, \cdots, n \tag{10.22}$$

$$\sum_{j=1}^{m} z_{jk} \leq 1, \quad \forall k = 1, 2, \cdots, s \tag{10.23}$$

$$y_{ij} \leq x_j, \quad i \in TS_i(j), \quad j = 1, 2, \cdots, m \tag{10.24}$$

$$z_{jk} \leq x_j, \quad k \in TX_k(j), \quad j = 1, 2, \cdots, m \tag{10.25}$$

$$y_{ij} = 0, \quad i \notin TS_i(j), \quad j = 1, 2, \cdots, m \tag{10.26}$$

$$z_{jk} = 0, \quad i \notin TX_k(j), \quad j = 1, 2, \cdots, m \tag{10.27}$$

$$\sum_{i=1}^{n} Output_i y_{ij} - \sum_{k=1}^{s} Input_k z_{jk} + e_j^+ \geq 0, \quad j \in J \tag{10.28}$$

$$x_j, \ y_{ij}, \ z_{jk} \in \{0, 1\}, \ e_j^+ \geq 0, \ i = 1, 2, \cdots, n,$$
$$k = 1, 2, \cdots, s, \ j = 1, 2, \cdots, m \tag{10.29}$$

模型 10.3 是在模型 10.2 的基础上对目标函数式（10.10）和约束条件式（10.18）进行修改。目标函数式（10.10）第三部分的均衡目标被修改为最小化积水量，均衡约束条件式（10.18）需要更改为约束条件式（10.28）以保证上游节点的产量充足。

在降水充沛的地区，首要目标是预防积水，需要尽可能地增加下游节点数量以保证在强降雨时排水正常。而模型 10.2 目标函数中的均衡目标会产生部分积水的情况，故可建立模型 10.4 如下：

$$\max \sum_{i=1}^{n} \sum_{j=1}^{m} Output_i y_{ij} + \sum_{k=1}^{n} \sum_{j=1}^{m} Input_k z_{jk} - \sum_{j=1}^{m} e_j^- \qquad (10.30)$$

模型 10.4
$$s.t. \quad \sum_{j=1}^{m} x_j = P \qquad (10.31)$$

$$\sum_{j=1}^{m} y_{ij} \leq 1, \quad \forall i = 1, 2, \cdots, n \qquad (10.32)$$

$$\sum_{j=1}^{m} z_{jk} \leq 1, \quad \forall k = 1, 2, \cdots, s \qquad (10.33)$$

$$y_{ij} \leq x_j, \quad i \in TS_i(j), \quad j = 1, 2, \cdots, m \qquad (10.34)$$

$$z_{jk} \leq x_j, \quad k \in TX_k(j), \quad j = 1, 2, \cdots, m \qquad (10.35)$$

$$y_{ij} = 0, \quad i \notin TS_i(j), \quad j = 1, 2, \cdots, m \qquad (10.36)$$

$$z_{jk} = 0, \quad i \notin TX_k(j), \quad j = 1, 2, \cdots, m \qquad (10.37)$$

$$\sum_{i=1}^{n} Output_i y_{ij} - \sum_{k=1}^{s} Input_k z_{jk} - e_j^- \leq 0, \quad j \in J \qquad (10.38)$$

$$x_j, y_{ij}, z_{jk} \in \{0, 1\}, \quad e_j^- \geq 0, \quad i = 1, 2, \cdots, n, \quad k = 1, 2, \cdots, s, \quad j = 1, 2, \cdots, m \qquad (10.39)$$

模型 10.4 是在模型 10.2 的基础上对目标函数式（10.10）和约束条件式（10.18）进行修改。目标函数式（10.10）第三部分的均衡目标被修改为最大程度利用下游排水，均衡约束条件式（10.18）需要更改为约束条件式（10.38）保证下游节点的销路顺畅。

例 10.1：某市某高校水资源循环利用案例

该实例以某市某高校地理数据为例，筛选出重要地理节点，并依此规划水资源的循环利用。该实例模拟了降雨均衡、降雨匮乏和降雨充沛三种降水情况，针对不同的降水情况选择不同的雨水存储地点和排水渠道。

（1）数据的获取。

该实例中涉及的经纬度和海拔高度均由中海达实时差分定位测量仪实际测量获得。路口节点数据是通过路口四个顶点的数据均值获得，通过整合路口连接关系可得到对应的道路连接图。首先，设定步长为 5m 来测量道路信息；其次，分析道路海拔走向来判断道路中是否存在凹凸路面，用于判断雨水的流向；最后，通过卷尺实地测量得到路面实际宽度，并通过测量仪测量数据进行验证得到实际汇水面积。

（2）有向选址模型与有向均衡选址模型。

第一步：根据基础节点信息和道路连接信息生成有向的距离矩阵；

第二步：利用 Floyd 函数计算节点间的最短距离矩阵；

第三步：设置选址数量和管辖半径；

第四步：利用模型 10.1 进行求解，结果如图 10 - 2 所示；

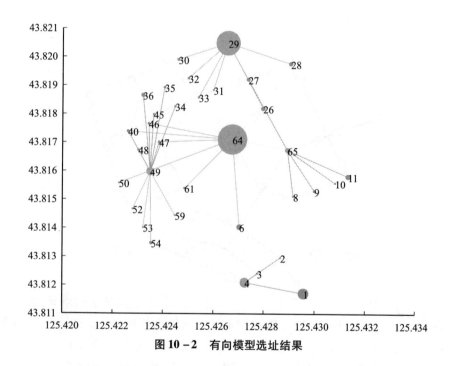

图 10 - 2　有向模型选址结果

第五步：根据地区降雨情况在模型 10.2、模型 10.3 和模型 10.4 中选择对应的模型。此处选择三种模型作为对比展示如图 10 - 3 所示。

根据图 10 - 2 可知，模型 10.1 的选址结果在各节点上下游存在不均衡问题，例如 29 号和 64 号节点的上游产量过多，而下游几乎没有销量；65 号节点的上游产量几乎为 0 但下游产量较多。各节点存在不同的不均衡问题。

图 10 - 3 中从左至右依次为模型 10.2、模型 10.3 和模型 10.4 的选址结果。与模型 10.1 相比，三类有向均衡选址模型均达到了选址的目的，并在特定的降水环境下表现出较好的结果。

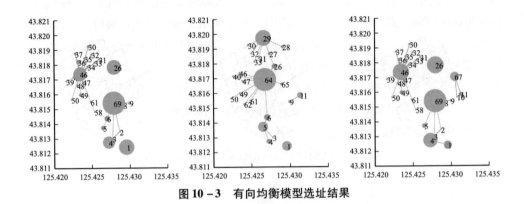

图 10 – 3　有向均衡模型选址结果

在均衡情况下，上游产量和下游销量较为均衡，且能获得较大的雨水资源。在降水匮乏的情况下，保证了储蓄雨水的首要目标，有较多的线路能够汇集雨水，但下游排水线路较少，应对强降雨效果较弱；在降水充沛的情况下，设置了更多下游排水线路，能够及时排出积水，且在节点处能够储蓄更多雨水。各模型所针对的情况有所不同，需要根据实际情况选择对应模型。

相关程序在电子资源第 10 章文件夹中，文件名为：有向选址模型和有向均衡选址模型。

10.4　基于最大流理论的城市排水系统优化设计

传统的排水模式是将排水网络与排水泵相结合，将超出排水网络承载能力的部分用排水泵排入城市水域中。这种排水模式的优点是在降雨量较少时效率高，但面对大规模极端降水时效果较差。传统排水系统相关工作原理如图 10 – 4 所示。城市内涝常以点状分布发生，其根本原因在于城市整体排水系统的设计缺陷所致。除传统排水模式外，还可以采用大排水系统应对极端天气带来的特大暴雨。

近年来，由于极端天气频发，导致城市内涝风险急剧上升，因此单个起终点的最大流的相关理论已无法满足当前国内城市排水需求。在极端天气情况下，城市排水网络节点同时承担上一管道和地面排水的进水任务。此时，城市排水网络转换为一个多起讫点、并发并入式大规模网络。实际上，选用合适的目标函数与约束条件即可构建多起讫点的并发并入式大规模网络最大流模型，该模型能够提供城市排水网络的最优设计模型、城市排水网络排水检测模型以及城市排水网络改进模型。这些模型在提高城市防涝能力和提高防洪资金利用效率方面具有巨大价值。

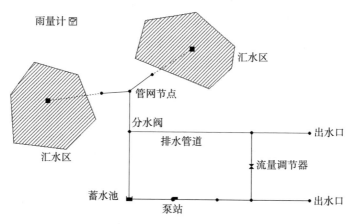

图 10 - 4　城市排水系统示意

10.4.1　基本假设与符号说明

本节各个符号与决策变量相关说明如下：

I 代表所有地下排水线路的集合；

T 代表所有路面排水路线的集合；

J 代表所有管道的集合；

S 代表所有可做临时排水街道的集合；

K 代表所有节点的集合；

E 代表所有出口的集合；

$N(j)$ 代表经过第 $j \in J$ 条管道流到某出口的所有线路集合；

$hsl(k)$ 代表第 k 个节点的单位时间汇水量；

$gdrl(j)$ 代表第 j 条管道的现有容量；

$jdrl(s)$ 代表第 s 条街道的目前安全排水量；

d_j 代表第 j 条管道的长度；

dx_s 代表第 s 条街道的长度；

c_j 代表改进第 j 条管道时的单位成本；

cx_s 代表改进第 s 条街道时的单位成本；

$i_1 = k$ 代表第 i 条线路的始点为 k；

$t_1 = k$ 代表第 t 条路面排水路线的始点为 k；

$i \in N(j)$ 代表第 i 条地下排水线路经过第 j 条管道；

$t \in M(s)$ 代表第 t 条路面排水线路经过第 s 条街道；

$gdrlx(j)$ 代表第 j 条管道拟设计容量；

y_j 代表第 j 条管道拟增加的容量；

w_s 代表第 s 条街道拟增加的安全排水量；

x_i 代表第 i 条地下排水路线的流量；

z_t 代表第 t 条路面排水路线的流量。

10.4.2　城市排水系统排水能力优化改进模型

由于真实的城市排水系统整体规模极大，在合理的时间内难以求解出最优设计方案，但可以采用多个局部优化的方式来对整个城市排水系统进行改进。因此，本节提出适合于在不同场景下的城市排水系统排水能力优化改进模型。

10.4.2.1　理想化排水管道容量设计模型

在城市发展建设初期，地下排水系统尚未构建出具有规模的体系，因此可以针对整个城市建立最优排水系统。在建设城市排水系统时，需要重点考虑关键位置的海拔高度和积水面积占比这两个重要因素。因而将此类问题称为理想化排水管道容量设计问题。

在实际的城市排水系统设计过程中，对排水节点间海拔高度的调整成本高且周期长，采用调控管道通过量的方法可以低成本地实现最优排水。故可建立如模型 10.5 所示的理想化排水管道容量设计模型。

$$\min \sum_{j \in J} c_j d_j gdrlx(j) \tag{10.40}$$

模型 10.5　　　　$s.\,t.$　　$\displaystyle\sum_{i \in N(j)} x_i \leqslant gdrlx(j), \quad \forall j \in J \tag{10.41}$

$$\sum_{i_1 = k} x_i = hsl(k), \quad \forall k \in K \tag{10.42}$$

$$x_i \geqslant 0, \quad gdrlx(j) \geqslant 0 \tag{10.43}$$

模型 10.5 的目标函数为城市地下排水系统建设总费用最低；约束条件式（10.41）确保每条排水管道不会超过其设计的最大容量；约束条件式（10.42）确保每个关键节点的降水均由城市地下排水系统排出。该模型中，假设每个节点的单位汇水量与流向该节点的各个位置的总汇水面积成正比；为确保城市排水效果，假设任意两个必要节点间的地下管道以直线方式连接；设置一个或多个城市外部排水口，使得不同节点的雨水可通过各出口排出。

10.4.2.2　现有排水管道排水量检测模型

在城市发展建设初期，地下排水系统可理想化地设计整体框架，实现城市整体排水的最优。但大部分城市已经进入建设中期，存在一定规模的地下排水系统，尤其是排水能力较弱管道的优化是目前急需解决的问题。故可建立如模型 10.6 的检测模型，检测需要优化的排水管道。

$$\max \sum_{i \in I} x_i \tag{10.44}$$

模型 10.6　　　　$s. t.$　　$\sum_{i \in N(j)} x_i \leqslant gdrl(j), \quad \forall j \in J \tag{10.45}$

$$\sum_{i_1 = k} x_i \leqslant hsl(k), \quad \forall k \in K \tag{10.46}$$

$$x_i \geqslant 0 \tag{10.47}$$

模型 10.6 的目标函数为所有管道内总排水量最大；约束条件式（10.45）确保每条排水管道不会超过其现有的最大容量；约束条件式（10.46）确保每个节点单位时间内的实际排水总量不超过该节点处的单位时间汇水量。利用模型 10.6 计算出当前所有管道内总排水量最大值之后，将其与各节点的汇水量上限进行对比，若小于汇水量上限，则需要对该节点附近的排水管道进行扩容。

10.4.2.3　现有排水管道最优修建模型

在获取各关键位置中的拥堵位置后，可利用模型 10.7 对相关管道进行扩容改进。

$$\min \sum_{j \in J} c_j d_j y_j \tag{10.48}$$

模型 10.7　　　　$s. t.$　　$\sum_{i \in N(j)} x_i \leqslant gdrl(j) + y_j, \quad \forall j \in J \tag{10.49}$

$$\sum_{i_1 = k} x_i = hsl(k), \quad \forall k \in K \tag{10.50}$$

$$x_i \geqslant 0, \quad y_j \geqslant 0 \tag{10.51}$$

模型 10.7 的目标函数为地下排水系统建设总成本最小；约束条件式（10.49）确保每条排水管道不会超过其现有的最大容量与扩容量的总和。

10.4.2.4　应对极端降水的现有排水系统排水量检测模型

城市地下排水系统优化完成后，仍需应对极端降水等突发事件。在发生极端降水时，城市排水系统难以快速排出全部雨水，需要利用部分街道排水来缓解城市地下排水系统的压力。故可建立模型 10.8 对地面和地下组合后的排水系统进行检测。

$$\max \sum_{k \in K} \left(\sum_{i_1 = k} x_i + \sum_{t_1 = k} z_t \right) \tag{10.52}$$

$$\text{模型 10.8} \qquad s.\,t. \qquad \sum_{i \in N(j)} x_i \leqslant gdrl(j)\,,\quad \forall j \in J \tag{10.53}$$

$$\sum_{t \in M(s)} z_t \leqslant jdrl(s)\,,\quad \forall s \in S \tag{10.54}$$

$$\sum_{i_1 = k} x_i + \sum_{t_1 = k} z_t \leqslant hls(k)\,,\quad \forall k \in K \tag{10.55}$$

$$x_i \geqslant 0\,,\ z_t \geqslant 0 \tag{10.56}$$

模型 10.8 的目标函数为在极端降水情况下，地面和地下组合后的排水系统的排水总量最大化；约束条件式（10.54）确保地面排水街道排水量不超过该街道的目前安全排水量；约束条件式（10.54）确保各节点实际排水总量不超过该节点的汇水量。

利用模型 10.8 计算出地面与地下组合的排水系统的最大排水总量后，将其与各节点处的汇水量上限进行比较，若出现排水总量显著小于汇水量上限时，则需要对该节点相关的管道进行扩容并改造提升街道安全排水量。

10.4.2.5　应对极端降水的排水系统最优修建模型

利用模型 10.8 对地面和地下组合的排水系统的整体排水能力进行检测后，可以得到排水拥堵节点位置，针对排水拥堵节点可建立模型 10.9 对其进行改进。其中包括对地下管道的扩容与街道安全排水量的提升。

$$\min \sum_{j \in J} c_j d_j y_j + \sum_{s \in S} cx_s dx_s w_s \tag{10.57}$$

$$\text{模型 10.9} \qquad s.\,t. \qquad \sum_{i \in N(j)} x_i \leqslant gdrl(j) + y_j\,,\quad \forall j \in J \tag{10.58}$$

$$\sum_{t \in M(s)} z_t \leqslant jdrl(s) + w_s\,,\quad \forall s \in S \tag{10.59}$$

$$\sum_{i_1 = k} x_i + \sum_{t_1 = k} z_t = hls(k)\,,\quad \forall k \in K \tag{10.60}$$

$$x_i \geqslant 0\,,\ y_j \geqslant 0\,,\ z_t \geqslant 0\,,\ w_s \geqslant 0 \tag{10.61}$$

模型 10.9 的目标函数为整体排水系统总修建成本最小；约束条件式（10.59）确保每条街道实际安全排水量不超过目前安全排水量与拟增加的安全排水量之和；约束条件式（10.60）确保各节点处的排水量与该节点的汇水量相等。

10.4.2.6　获取所有排水线路的算法

对于排水等基于有向图的问题，在确定各节点坐标信息、连接信息与出入口等关键信息后，需要获取对应的邻接矩阵与所有可能的排水路线。首先，将节点的坐标信息、节点间的连接情况与出入口信息导入；其次，利用节点间的连接情况得到对应的邻接矩阵，对有向连接关系的采用两点间距离赋值，不存在有向连接关系或直接连接关系的赋值为无穷大，各节点与自己的距离设置为 0；最后，利用迭代算法和邻接矩阵数据在出口前不断插入新节点，当节点全部插入完成后，结束当前迭代，进入下一次迭代，寻找其他不同线路，直至没有新线路为止。

10.4.2.7　地面到地下的排水口容量设计

在实际情况中，排水不仅需要考虑地面与地下节点的容量和具体线路设计，还需要将复杂的雨水渗透因素考虑在内。首先，在对城市的全部地下排水口进行单独分析时，因规模较大且代价较高，所以可将其合并成少量具有区域代表性的入水口来提高分析效率。因此，可以通过这部分入水口计算出全部入水口容量之和，进而计算出需要规划的入水口数量与容量。其次，利用蒙特卡洛随机抛点法模拟关键位置的面积大小的近似结果。针对较为复杂的地理环境，对参数进行深度的处理，从而完成面积模拟。最后，根据每个入水口的汇水量上限，确定合并后的关键入水口的汇水量及其上限。因此，可根据汇水量及其上限确定这部分区域的入水口数量与容量。

例 10.2：城市排水系统优化改进策略

（1）数据的获取。

以某城市地下排水系统主要干线排水线路为例，通过合理预测汇水量进行地下排水系统的科学修建。该实例中的地下排水系统关键节点信息如表 10－3 所示。

表 10－3　　　　　　　　　　　地下排水系统关键节点信息

节点编号	横坐标	纵坐标
1	26	4
2	36	16
3	28	40
4	4	30
5	16	30
6	16	16
7	26	16
8	36	30
9	56	16
10	36	40
11	58	40

在小面积区域内，由于降雨量基本均衡，各节点单位时间汇水量与该节点收入雨水的地面面积存在高度的正相关，因此，可以利用蒙特卡洛方法模拟各节点的汇水量数据，具体操作如下：

第一步：根据实际情况选取某一特定矩形区域，在该区域内的关键节点处设置计数器后进行随机投点，获取海拔高度低于当前投点的关键位置后进入下一步；

第二步：将此次随机投点累加到最近的关键节点计数器上；

第三步：判断当前次数是否达到最大模拟次数，若未达到，返回第一步；若达到，进行下一步；

第四步：根据相关性，将各计数器与最大模拟次数的比率作为各节点收入雨水的地面面积与总面积的比率，从而计算出各节点单位时间的汇水量。

（2）最大流模型。

第一步：利用汇水量数据确定对应节点的入水口径大小，并依此确定入水口数量，具体结果如图 10 - 5 所示。

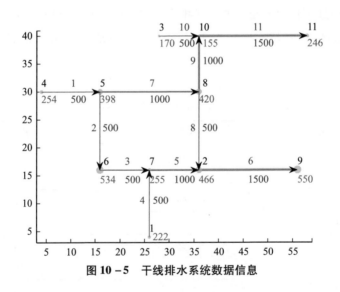

图 10 - 5　干线排水系统数据信息

第二步：利用模型 10.5 可得到各管道的最优设计方案，具体结果如图 10 - 6 所示。

第三步：利用排水路线获取算法得到所有可能的排水线路，将其导入模型 10.6 和模型 10.7 进行检测，对于存在问题的线路给出合理建议。

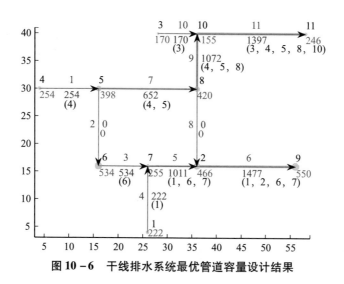

图 10−6　干线排水系统最优管道容量设计结果

第四步：假定模型 10.6 中各节点之间存在有向连接关系、管道容量与各节点容量，具体数据如下：

ljxx =[4 5;5 6;6 7;1 7;7 2;2 9;5 8;8 2;8 10;3 10;10 11];

gdrl =[500;500;500;500;1000;1500;1000;500;1000;500;1500];

hsl =[222,466,170,254,398,534,255,420,550,155,246];% 模拟数据

将上述数据导入模型 10.7 可得到各管道实际流量数据如下：

gdll =[254,0;485;222;962;1500;652;72;1000;170;1325];

第五步：利用模型 10.6 可以得到单位时间排水量为 3621，且存在 49 个单位的雨水难以排出，故可利用模型 10.7 对相关的排水管道进行扩容，具体方案如下：

y =[0;0;34;0;11;0;0;0;49;0;0];

需要扩容的排水管道分别为 3 号、5 号和 9 号，扩容量为 34、11 和 49。具体扩容前后干线排水系统变化分别如图 10−7 和图 10−8 所示。

对比图 10−5 与图 10−8 可知，3 号扩容管道是由于 6 号重要节点雨水量过大导致，在扩充 3 号管道的同时，可考虑增加其他排水线路缓解雨水压力；5 号扩容管道是由周围的 1 号、6 号和 7 号重要节点雨水汇集的重要通道，为缓解大量水流带来的压力，需要将 5 号管道增加至少 11 个单位的排水能力；9 号扩容管道是由于 4 号、5 号和 8 号关键节点依次从上游不断汇入导致，此线路管道压力大，应适当加大扩充规模以保证排水能力。

相关程序在电子资源第 10 章文件夹中，文件名为：最大流。

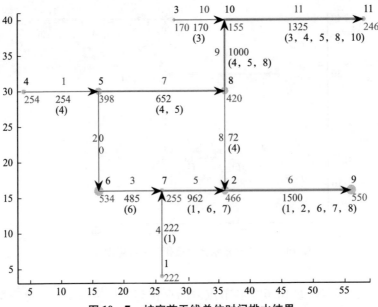

图 10-7 扩容前干线单位时间排水结果

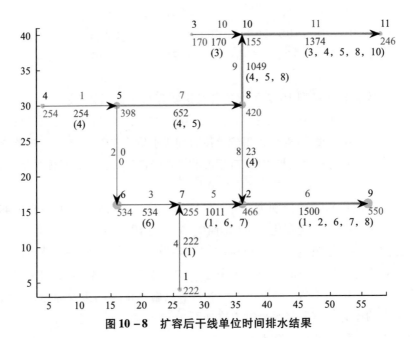

图 10-8 扩容后干线单位时间排水结果

第 11 章

旅行商（TSP）问题基本模型与改进算法

11.1 TSP 问题及其简单求解算法

11.1.1 TSP 问题

流动推销员需要访问某地区的所有城镇，最后回到出发点，如何安排旅行路线使总行程最小，这就是旅行商问题（traveling salesman problem，TSP）。它是组合数学中一个古老而又困难的问题，也是组合优化中研究最多的问题之一，但至今尚未彻底解决，现已归入所谓的 NP – 困难问题。

若用顶点代表城镇，边代表连接两城镇的路，边上的权代表距离（时间或费用），于是推销员问题就成为在加权图中寻找一条经过每个顶点至少一次的最短闭通路问题。

定义 11.1 在加权图 $G = (V, E)$ 中：

（1）权最小的哈密顿圈称为最佳 H 圈；

（2）经过每个顶点至少一次的权最小的闭通路称为最佳推销员回路。

一般来说，最佳哈密顿圈不一定是最佳推销员回路，同样，最佳推销员回路也不一定是最佳哈密顿圈。

定理 11.1 在加权图 $G = (V, E)$ 中，若对任意 $x, y, z \in V$，$z \neq x$，$z \neq y$，都有 $w(x, y) \leqslant w(x, z) + w(z, y)$，则图 G 的最佳 H 圈也是最佳推销员回路。

最佳推销员回路问题可转化为最佳 H 圈问题。该方法是由给定的图 $G = (V, E)$ 构造一个以 V 为顶点集的完备图 $G' = (V, E')$，E' 的每条边 (x, y) 的权等于顶点 x 与 y 在图中最短路的权。即：

$$\forall x, y \in E', \ w(x, y) = \min d_G(x, y)$$

定理 11.2 加权图 G 的最佳推销员回路的权与 G' 的最佳 H 圈的权值相同。

TSP 问题经典的表述为：一个推销员要到若干城市推销货物，从城市 1 出发，经过其余各城市一次且仅仅一次，然后回到出发点。在各城市间的距离已知的情况下，选择怎样的行走路线才能使总行程最短，该问题在图论的意义下就是最小哈密顿圈问题。由于该问题在许多领域中都有广泛的应用，因而寻找有效的算法就显得颇为重要。例如，对于一个仅有 16 个城市的旅行商问题，如果使用穷举法来得到问题的最优解，需要比较的可行解有 20922789888000 个。尽管现在计算机的计算速度大大提高，而且已有一些指数级的算法可以精确地求解旅行商问题，但随着它们在大规模问题上的失效（组合爆炸），人们退而求其次，转向寻找近似算法或启发式算法。人们经过几十年的努力，取得了一定的进展。目前，一般来说，一万个城市以下的旅行商问题基本可以使用近似算法在合理的时间内得到可接受的误差小于 1% 的近似解或最优解。

现实生活中的问题纷繁复杂，TSP 的重要性在于许多关于 TSP 的工作并不是由实际问题直接推动的，而是因为 TSP 为其他各类算法提供了思想方法平台，这些算法广泛地应用于各种离散优化问题。然而，这并不是说 TSP 无法在许多领域找到应用。事实上，TSP 大量的直接应用给研究领域带来了生机，并指导了未来的工作。

TSP 问题的核心在于如何找到一条不重复经过所有城市的最短路线，即寻找一条巡回路径 $T = (t_1, t_2, \cdots, t_n)$，使得下列目标函数最小：

$$f(T) = \sum_{i=1}^{n-1} d(t_i, t_{i+1}) + d(t_n, t_1)$$

经典的 TSP 问题求解算法可以代表为如下混合线性规划模型 11.1。

$$\min \sum_{0 \leqslant i \neq j \leqslant n} d_{ij} x_{ij}$$

模型 11.1　　$s.t.$　$\displaystyle\sum_{\substack{i=0 \\ i \neq j}}^{n} x_{ij} = 1, \ j = 1, 2, \cdots, n$

$$\sum_{\substack{j=0 \\ j \neq i}}^{n} x_{ij} = 1, \ i = 1, 2, \cdots, n$$

$$u_i - u_j + n x_{ij} \leqslant n - 1$$

$$u_i \geqslant 0, \ x_{ii} = 0, \ i = 1, 2, \cdots, n$$

$$x_{ij} = \begin{cases} 1 & \text{如果}(i, j)\text{在最优旅行线路上} \\ 0 & \text{其他} \end{cases}$$

模型 11.1 的精确求解算法在电子资源第 11 章文件夹下的 TSP 文件中。[①] 采用 MATLAB 自带 intlinprog 函数求解的算法名称为 TSP_intlinprog，需要录入的基本参数包括各节点之间的最短路径矩阵 d，拟访问的城市编号 q，以及出发城市

---

① 本章电子资源可发送邮件至前言中提及的邮箱索取。

zx；采用 yalmip 调用 CPLEX 软件求解的算法名称为 TSP_cplex，需要录入的基本参数包括各节点之间的最短路径矩阵 d，以及出发城市 zx。

输出的参数包括具体的旅行线路 Xl_last 和旅行距离 y。

例 11.1：试在 MATLAB 中分别利用 intlinprog 函数和 CPLEX 求解器求解全国省会的城市最短旅行方案，并比较计算时间。

解：相关程序在电子资源第 11 章文件夹中。在 TSP 文件夹中的主程序 main. m 里运行第一节数据处理后，运行第二节调用函数 TSP_intlinprog. m 和函数 TSP_cplex. m 可以得到相同的最优巡回路线及其可视化结果，如图 11 - 1 所示。

　1　2　15　12　10　9　11　13　14　17　18　19　21　20　25　24　22
23　26　31　29　28　30　27　16　3　4　5　8　7　6　1

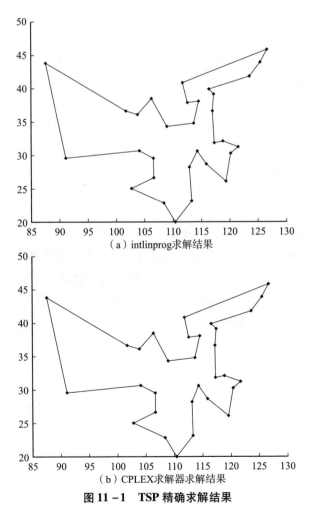

（a）intlinprog 求解结果

（b）CPLEX 求解器求解结果

图 11 - 1　TSP 精确求解结果

从图 11 - 1 可知，两者结果一致，得到的最优巡回线路总长度均为 15157.1834KM。该例题在使用相同电脑配置的情况下得到两者的运行时间分别为：time_TSP_intlinprog = 179.3404s，time_TSP_cplex = 1.9471s。显著表明调用 CPLEX 求解器能大幅缩短运行时间。

11.1.2　TSP 问题的启发式求解算法

11.1.2.1　邻近配送法

邻近配送是指从调度中心出发，每次总是基于邻近原则出发，找到与当前派送节点最近的节点进行派送，直至所有的业务节点均派送完毕。

11.1.2.2　穷举配送法

穷举配送是指通过穷举法获取到所有可能的派送方案，并在其中选择出最优配送方案。该方法适用于配送节点较少的情况，且能够获得全局最优解。目前为止，利用 MATLAB 可以快速求解出 10 个节点以内（包括 10 个）的情况，对于 10 个以上的情况，需要设置相关参数，计算速度将会急剧下降甚至无法求解。

11.1.2.3　插入节点法

插入节点法是指在给定的初始派送线路中，逐一将各节点插入到其他任意两个节点中间的一种方法。

11.1.2.4　or-opt 方法

单点插入法是通过调整初始配送线路中单点的插入位置来得到更优的配送线路。实际上，插入点的数量可以进一步增加，例如使用双点插入法和三点插入法，学者们将这种方法命名为 or-opt 法。简单来说就是把线路中相邻的 l 个点插入到其他位置或重定位，一般而言 $l \leqslant 3$。若 $l = 1$，即意味着将线路中的一个节点在该线路中重定位。通常来说，or-opt 法可用于同一线路上的点的交换，也可用于不同线路上的点的交换。下文将分别以单线路/双线路双点插入法为例，or-opt 方法的基本思想如图 11 - 2 所示。

在图 11 - 2 中，将线路中的 2 个客户节点 i 和 $i + 1$ 插入到节点 j 和 $j + 1$ 之间，形成一条新的线路。

11.1.2.5　双点交换法

双点交换法是指在给定的初始配送线路中任意交换两个派送节点位置的一种方法。如图 11 - 3 所示，将线路中的 2 个节点 i 与 j 进行交换，形成一条新的线路。

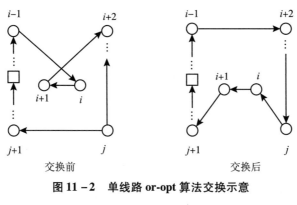

图 11 - 2　单线路 or-opt 算法交换示意

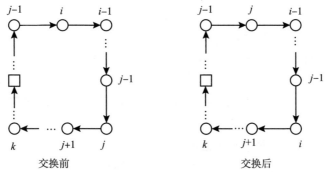

图 11 - 3　双点交换法示意

11. 1. 2. 6　二边逐次修正法

二边逐次修正法（2 - opt 法）是指在指定的初始派送圈中，找到合适的两对连接顶点，并通过交换连接方式来优化线路派送距离的一种方法。即将一条线路中的两条边用另外的两条边替换，如图 11 - 4 所示。将线路中的边 $(i, i+1)$ 和 $(j+1, j)$ 用边 (i, j) 和边 $(i+1, j+1)$ 替代，形成一条新的线路。

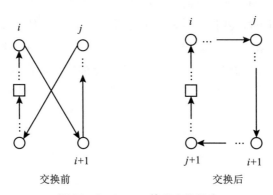

图 11 - 4　2 - opt 算法交换示意

11.1.2.7 算法最优性检验

为了检验算法的最优性，以下将给出 TSP 问题理想最优解的定义。

定义 11.2 （TSP 问题理想解） 在 TSP 问题中，我们将每个节点与其最近的两个节点距离的均值总和定义为 TSP 问题的理想解。其具体的定义为：

$$T_{ideal} = \sum_{i=1}^{n} \frac{d_i^+ + d_i^*}{2}$$

其中，$d_i^+ = \min\limits_{1 \leqslant j \leqslant n, j \neq i} d_{ij} = d_{ij_0}$，$d_i^* = \min\limits_{1 \leqslant j \leqslant n, j \neq i, j \neq j_0} d_{ij}$，$d_{ij}$ 为第 i 个节点与第 j 个节点之间的最短距离。

实际上，TSP 问题的最优解是在最理想的情况下，每个节点均选择最近的两个节点为临近的配送节点，因此上述定义是合理的。

11.1.2.8 基于随机迭代的各算法优化方法

通过相关算法比对结果发现，各个算法得到的结果与理想解的接近程度依然较低，其主要原因在于各个算法都是通过由前到后的方式逐步进行优化的，从而得到了某一局部最优解。因此，考虑新的迭代方式——每次随机选择一个可优化的方式进行迭代，则有机会获得更优的解。

11.1.2.9 TSP 问题求解算法的混合使用

虽然通过随机迭代法获得了更优的解，但依然考虑通过混合使用这些算法可能会获得更优的解。下文将提出相关的高效混合使用这些算法的方法。

11.2 TSP 问题的智能求解算法

11.2.1 遗传算法

遗传算法（genetic algorithm，GA） 的主要理论和方法由美国密歇根大学的霍兰德（John Holland） 教授与其同事和学生发展而来。他们受达尔文生物进化的启发，模拟生物遗传学和进化机制，提出了一种全局优化的概率搜索算法，即遗传算法。随后，遗传算法因其编码和遗传操作简单、优化过程中不受限制性条件的约束、隐含并行性等优点，被广泛应用于各种领域，例如机器学习、图像处理、自适应控制、神经网络、组合优化、系统辨识等。

遗传算法的基本流程可以描述如下：

第一步：令 $t = 0$；

第二步：选定编码方案，产生 N 个个体，形成初始种群 $p(t)$；

第三步：计算 $p(t)$ 中的每个个体的适应度函数值；

第四步: 判断 $p(t)$ 是否满足终止条件, 若是, 则输出当前最优解并结束, 否则, 转第五步;

第五步: 令 $t = t + 1$;

第六步: 对当前种群 $p(t-1)$ 中的个体用选择算子、交叉算子和变异算子产生下一代群体 $p(t)$;

第七步: 转第三步。

以下以 TSP 问题为例, 对遗传算法进行实例论证。

找到城市间的经纬度及最短距离矩阵数据, 确定初始种群个数、最大迭代次数、交叉概率及变异概率相关系数。本例中, 取全国省会的城市经纬度及距离矩阵数据, 初始种群个数取 100、最大迭代次数取 1000 次、交叉概率取 0.8、变异概率取 0.8, 运行程序如下:

先读入省会城市坐标矩阵, 并计算城市距离。具体代码如下:

```
clear all
jwd = xlsread('jwd.xlsx','D:E');
jdgs = length(jwd);
for i = 1:jdgs - 1
for j = i + 1:jdgs
    zxjl(i,j) = distance(jwd(i,2),jwd(i,1),jwd(j,2),jwd
    (j,1),almanac('earth','ellipsoid'));
    zxjl(j,i) = zxjl(i,j);
end
end
```

上述代码在文中也可用于生成最短路矩阵。

在命令窗口中录入如下代码即可得到相关优化结果。

```
[zdjllj] = ycsf(zxjl,jwd,100,1000,0.8,0.8)
```

运行结果如图 11 - 5 所示。

相关程序在电子资源第 11 章文件夹下的遗传算法文件夹中, 文件名为: main。

11.2.2 蚁群算法

蚁群算法 (ant colony algorithm, ACA) 是 20 世纪 90 年代初由意大利学者多里戈 (M. Dorigo) 和马尼佐 (V. Maniezzo) 等从生物进化的机制中受到启发, 提出来的一种新型的模拟进化算法。该算法模拟自然界蚂蚁搜索路径的行为, 利用蚁群在搜索食物源的过程中所体现出的寻优能力来解决一些系统优化中的困难问题，其基本思想是模仿蚂蚁依赖信息素，通过蚂蚁间正反馈的方法来引导每个蚂蚁的行动。

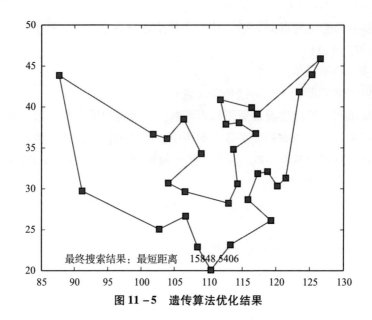

最终搜索结果：最短距离　15848.5406

图 11 - 5　遗传算法优化结果

蚁群算法可用于解决大多数优化问题，或者能够转化为优化求解的问题。它的应用领域已扩展到多目标优化、数据分类、数据聚类、模式识别、电信质量服务管理、生物系统建模、流程规划、信号处理、机器人控制、决策支持、仿真和系统辨识等方面。

蚁群算法是群智能理论研究领域的一种主要算法。下文以 TSP 问题为例对蚁群算法进行简单的介绍。

首先，生成各城市之间的距离矩阵。

然后，运行主程序算法。在命令窗口中录入如下代码即可得到相关优化结果。

`[zdjllj]=yqsf(zxjl,jwd,50,1000,1,5,100,0.1)`

运行结果如图 11 - 6 所示。

相关程序在电子资源第 11 章文件夹下的蚁群算法文件夹中，文件名为：main。

11.2.3　模拟退火算法

模拟退火算法（simulated annealing，SA）最早由梅特罗波利斯（Metropolis）等最早提出，源于固体退火原理。该算法将固体加温至充分高，然后再让其冷却。在加温时，固体内部粒子随温升变为无序状，内能增大；而在冷却时粒子渐趋有序，在每个温度都达到平衡态，最后在常温时达到基态，内能减为最小。

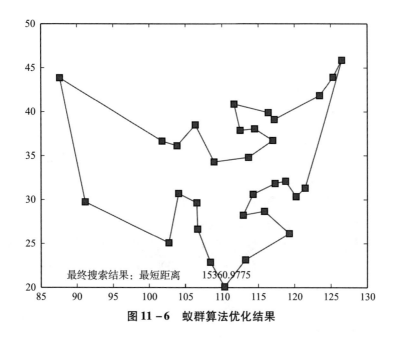

图 11 - 6　蚁群算法优化结果

模拟退火算法可以求解不同的非线性问题，对于那些不可微或不连续的优化问题，能以较大的概率求得全局最优解。该算法具有较强的鲁棒性、隐含并行性和全局收敛性。它能够处理离散、连续和混合型的不同类型的优化设计变量，并且不需要任何辅助信息，同时，它对目标函数和约束函数没有要求等优点。

模拟退火算法是一种通用的优化算法。它的物理过程如下：

（1）加温过程。目的是增强粒子的热运动，使其偏离平衡位置。当温度足够高时，固体将溶为液体，从而消除系统原先存在的非均匀状态。

（2）等温过程。对于与周围环境交换热量而温度不变的封闭系统，系统状态的自发变化总是朝自由能减少的方向进行的，当自由能达到最小时，系统达到平衡。

（3）冷却过程。使粒子热运动减弱，系统能量下降，得到晶体结构。其中，加温过程对应算法的初始温度的设定，等温过程对应算法的 Metropolis 抽样过程，冷却过程对应控制参数的下降。能量的变化对应目标函数，想要得到最优解就是能量最低态。Metropolis 准则是模拟退火算法收敛到全局最优解的关键，Metropolis 准则以一定的概率接受不好的解，使得算法跳离局部最优解。

模拟退火算法的基本流程如下：

第一步：初始化，设初始温度 T_0（充分大），任取初始解 S_1（算法迭代的起点），设定每个温度 T 的迭代次数 L，即 Metropolis 链长；

第二步：对当前温度 T 和 $k = 1$，2，$\cdots$，L 重复第三步至第六步；

第三步：对当前解 S 随机扰动产生新解 S'；

第四步：计算增量 $\Delta f = f(S') - f(S)$，其中 $f(S)$ 为 S 的评价函数；

第五步：若 $\Delta f < 0$ 则接受 S' 作为新的当前解，否则以概率 $\exp(-\Delta f/T)$ 接受 S' 作为新的当前解；

第六步：如果满足终止条件则输出当前解 S 作为最优解，结束程序。终止条件通常取为连续若干个新解都没有被接受时终止算法或者设定结束温度。否则按衰减函数衰减 T 后转第二步运算。

以下以 TSP 问题为例，简要介绍模拟退火问题。

首先，找到城市间的经纬度及最短距离矩阵数据，确定退温系数、退温终止条件以及随机模拟次数相关系数。选取全国省会城市经纬度及距离矩阵数据，退温系数取 0.99，退温终止条件为温度小于 0.0001 时终止循环，随机模拟次数为 1000 次，运行程序如下：

```
[pssx]=mnth(zxjl,jwd,0.99,0.0001,1000);
```

运行结果如图 11-7 所示。

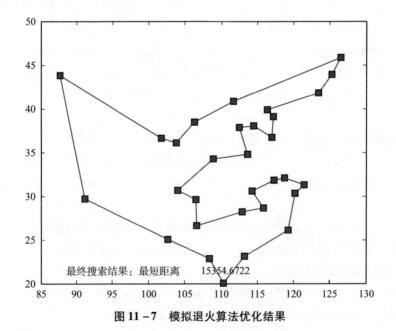

图 11-7　模拟退火算法优化结果

相关程序在电子资源第 11 章文件夹下的模拟退火算法文件夹中，文件名为：main。

11.3 TSP 问题的混合最速下降求解方法

虽然精确算法能够求得 TSP 问题的精确解，但其求解速度往往较慢，同时其求解规模难以超过 100 个节点。这使得后续的启发式算法和智能算法有了用武之地。然而，海量的数据模拟结果表明，这些算法虽然在计算速度上有了明显的改进，但均存在一定的缺陷。其中，简单的启发式算法虽然计算速度较快，但计算精度难以保证。智能算法虽然计算精度上有一定的保障，但在相关参数的设定以及计算结果的稳定性方面仍存在着一定的缺陷。

本节基于上述不同算法展开了相关的探索，并提出了一种基于最速下降法的混合 TSP 问题求解方法。其算法的具体探索过程如图 11 - 8 所示。

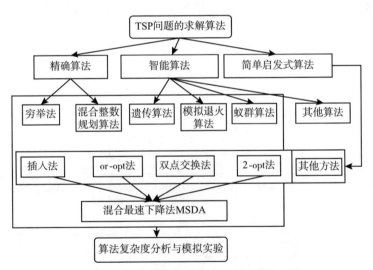

图 11 - 8　TSP 问题的混合最速求解算法探索过程

为了寻找在算法求解速度与精度上均能够达到一定满意度的算法，我们以简单的启发式算法为基础进行了对应的探索。其中，简单启发式算法最大的优势是线路构造（tour construction）优势，而非线路优化（tour optimization）过程。我们的主要探索过程包括以下几个方面：

（1）单个算法迭代顺序上的探索。

在利用诸如 2 - opt 法等简单启发式算法的过程中，有多种方案对线路进行改进，在不同的迭代顺序下产生的迭代结果可能会有所不同。因此，我们分别探索了顺序迭代法、随机迭代法和最速下降迭代法。相关的海量数据模拟结果表明基于最速下降法的迭代方式是总体最优的。

（2）多个算法使用顺序上的探索。

为了找到简单而具有较高精度的 TSP 问题求解算法，我们考虑混合使用在 11.1.2 节中提出的简单启发式算法。然而，这些简单启发式算法在不同的使用顺序下得到的优化结果可能会有所不同。因此，仍有必要探索这些简单启发式算法的最优使用顺序。

（3）初始出发城市的优化。

在传统 TSP 问题中，出发城市往往是固定的，然而，由于最终求得的旅行线路是一个环式的旅行线路，因此我们完全可以更改出发城市，得到一个环式的旅行线路。这就意味着我们对出发城市也能够进行修改。大量的数据模拟结果表明，在不同的出发城市下，不同的算法求得的结果是不同的。

通过以上三种探索以及海量模拟和筛选工作，我们最终获得了如图 11-9 所示的 TSP 问题的混合最速下降求解算法流程。

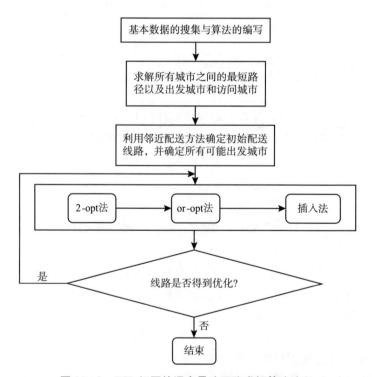

图 11-9　TSP 问题的混合最速下降求解算法流程

例 11.2：利用混合最速下降法求解全国省会城市的最短旅行方案，并与例 11.1 中两种精确求解算法相比较。

解：相关程序在电子资源第 11 章文件夹中，文件名为：TSP。在 TSP 文件夹中运行主程序 main，调用函数 TSP_zhpjzd 可以得到对应的巡回路线及其可视化结果如图 11 - 10 所示。

1　2　6　7　8　5　30　28　29　31　26　23　22　24　25　20　21　19　13　14

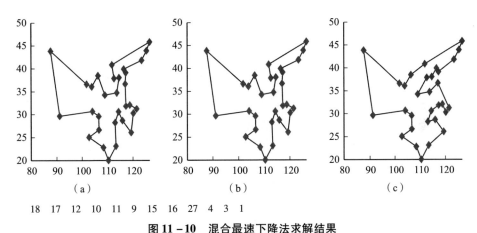

18　17　12　10　11　9　15　16　27　4　3　1

图 11 - 10　混合最速下降法求解结果

注：图中（a）和（b）为例 11.1 中精确算法的求解结果，（c）为混合最速下降法的求解结果。

在图 11 - 10 中，混合最速下降法求解得到的巡回线路总长度均是 15468.9385KM，相较精确算法的 15157.1834KM 多出 311.7551KM。该例题与例 11.1 使用相同的电脑配置，得到求解时间为 time_TSP_zhpjzd = 0.0042s，相较精确算法中的最快运行时间 time_TSP_cplex = 1.9471s 仍有极大幅度的提升。

11.4　中国邮递员问题

邮递员在投递邮件时，需从邮局出发，经过他的投递范围内的每条街道至少一次，然后返回邮局，但邮递员希望选择一条最短的路线，这就是中国邮递员问题。

若将投递区的街道用边代表，街道的长度用边权代表，邮局街道交叉口用点代表，则一个投递区就构成了一个赋权连通无向图。中国邮递员问题转化为：在一个非负加权连通图中，寻求一个权最小的巡回，这样的巡回被称为最佳巡回。

中国邮递员问题的一种求解方法是在每条需要巡逻的边上插入三个点，其中两个边靠近于交叉路口位置，一个点在边的中心，这样就可以把中国邮递员问题转化为 TSP 问题展开求解。

第 *12* 章

车辆路径优化（**VRP**）
问题基本模型与算法

12.1　基本概念

12.1.1　VRP 问题的概述

物流配送车辆路径优化问题（vehicle routing problem，VRP）最早由线性规划之父丹其格和拉姆萨（Dantzig & Ramser，1959）首次提出。该问题是交通运输管理、智能救灾调度指挥系统、网络作业调度管理系统、现代物流系统、物流网等应用、研究领域中的基本问题之一，也是最重要的调度问题之一。

12.1.1.1　VRP 的定义

VRP 问题一般定义为：对一系列给定的顾客（取货点或送货点），确定适当的配送车辆行驶路线，使其从配送中心出发，有序地通过它们，最后返回配送中心，并在满足一定的约束条件下（如车辆容量限制、顾客需求量、交发货时间等），达到一定的目标（如路程最短、费用最少、时间最少、使用车辆最少等），如图 12 - 1 所示。

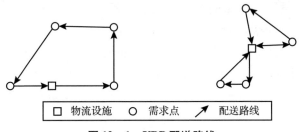

□ 物流设施　　○ 需求点　　↗ 配送路线

图 12 - 1　VRP 配送路线

根据路径规划前调度员对相关信息是否已知，VRP 可分为静态 VRP 和动态 VRP，动态 VRP 是相对静态 VRP 而言的。静态 VRP 指的是：假设在优化调度指令执行之前，调度中心已经知道所有与优化调度相关的信息，且这些信息与时间变化无关。一旦调度开始，便认为这些信息不再改变。

皮萨偌夫（Psaraftis）将动态 VRP 与静态 VRP 进行了比较，认为如果 VRP 输出是一条预先规划好的路线，并且这条路线不会被重新优化，而是根据事先已知的输入进行优化计算得出来的，则这个问题就是静态的（Golden & Assad，1988）。反之，如果 VRP 输出不是一条预先规划好的路线，而是根据时间变化的输入做相应调整的路线，这时就是动态的。在皮萨偌夫的定义中，时间因素对问题的分类起关键性的作用。

动态 VRP 的准确定义包含以下两点：

（1）不是所有与车辆调度相关的信息在调度员做路径规划前都是已知的，包括：①顾客的所有属性，如顾客的地理位置、现场服务时间及每个顾客的需求量；②系统信息，如车辆在每两个顾客之间的逗留时间；③车辆信息，如车辆在途中是否发生故障等。

（2）与车辆调度相关的信息可能会在路线规划好之后发生变化。

很明显，动态 VRP 比传统的静态 VRP 涵盖范围更大。

12.1.1.2　VRP 的构成要素

配送车辆调度问题主要包括道路、货物、车辆、物流中心、客户、运输网络、约束条件和目标函数等要素，目前已知的研究模型是基于组合这些因素建立的。随着社会的发展，VRP 也在不断地发展变化，一些新要素可能会出现并对研究起至关重要的作用，例如仓储配送一体化的库存路径问题等。

（1）道路。道路是货物运输的基础，也是构成 VRP 的核心要素之一。通常用从中心仓库出发按照一定的路线依次经过各个客户点，最后返回配送中心所形成的网络图代表。

（2）货物。货物是配送的对象，包括品名、包装、重量、体积、要求送到（或取走）的时间和地点、能否分批配送等属性。

（3）车辆。车辆是运载货物的工具，其主要属性包括车辆的类型、装载量、一次配送的最大行驶距离、配送前的停放位置及完成任务的停放位置等。

（4）物流中心。也称为物流基地、物流据点，是指进行集货、分货、配货、送货作业的配送中心、仓库、车站、港口等。

（5）客户。也称为用户，包括分仓库、零售商店等。客户的属性包括需求或（供应）货物的数量、需求或供应货物的时间、需求或供应货物的次数及需求或供应货物的满足程度等。

（6）运输网络。运输网络由顶点（指物流中心、客户、停车场）、无向边和有向弧组成。边、弧的属性包括方向、权值和交通流量限制等。

（7）约束条件。配送车辆调度问题应满足的约束条件主要包括：①在允许通行的时间进行配送；②在物流中心的现有运行能力范围内；③满足客户收货时间范围的要求；④满足所有客户对货物品种、规格、数量的要求；⑤车辆在配送过程中的实际载货量不得超过车辆的最大允许装载量。

（8）目标函数。配送车辆调度问题可以只选用一个目标，也可以选用多个目标，经常选用的目标函数包括：①最大化准时性；②最小化劳动消耗；③最大化运力利用；④最小化综合费用；⑤最小化配送总里程；⑥最小化配送车辆的吨位公里数。

12.1.2　VRP 问题的分类

根据在路径规划前是否已知所有与车辆调度相关的信息（如路段旅行时间、客户节点的需求），以及在路径规划完成之后相关信息是否发生变化，可以将车辆路径问题分为动态和静态两大类型，并在此基础上，依据构成要素的不同，将这两类问题分别衍生为基本类型和扩展类型。这两类问题的衍生类型完全相同，区别在于求解方法的差异，如图 12 - 2 所示。

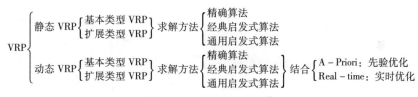

图 12 - 2　VRP 问题分类

12.1.2.1　静态 VRP

符卓和陈斯卫（2004）对 VRP 问题进行了基本类型的归纳，将其分为带装载能力约束的车辆路径问题、带路程约束的车辆路径问题、带取送货的车辆路径问题、带时间窗约束的车辆路径问题以及带回程运输约束的车辆路径问题，如图 12 - 3 所示。

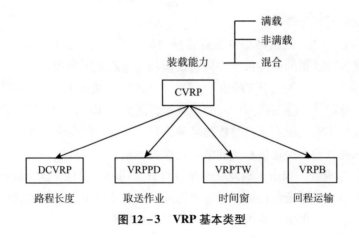

图 12－3   VRP 基本类型

（1）有容量限制的车辆路线问题。

有容量限制的车辆路线问题（capacitated VRP，CVRP）是车辆路径问题的最基本类型。在该问题中，所有客户点的服务需求量已知且不能分割，服务任务仅为单纯的送货或取货，提供服务的车辆类型相同，且统一停放于某一中心车场，对车辆只有装载能力约束。目标是最小化所有客户点服务总费用（即线路数及其长度或行驶时间的加权函数）。

（2）带时间窗的车辆路线问题。

在带时间窗的车辆路线问题（VRP with time windows，VRPTW）中，客户对服务时间有特定要求，即每个客户只能在确定的时间窗内接受服务，不能早于最早服务时间或迟于最晚服务时间。

（3）送货集货一体化的车辆路线问题。

在送货集货一体化的车辆路线问题（VRP with pickup and delivery，VRPPD）中，每个客户都有一定的配送量和集货量。车辆不仅要向每个客户送货，还需要从客户处取货并将其配送到指定的客户或站点，于是存在下面的优先约束：任一客户 i 当满足其配送需求的货物源点 j 不是站点时，j 必须早于客户 i 接受服务；而当客户 i 集货再配送的目标客户 j 不是站点时，j 必须晚于客户 i 接受服务。

（4）带回程取货的车辆路线问题。

带回程取货的车辆路线问题（VRP with backhauls，VRPB）是经典车辆路线问题的一个延伸，它将客户分为两类：配送客户（需要配送一定的货物）和取货客户（需要到站点收集一定的货物）。类似于 VRPPD，VRPB 问题配送客户和取货客户之间也存在一个优先约束：在一条服务两类客户的路线上，所有的配送客户必须早于取货客户接受服务。

在基本类型车辆路径问题的基础上，结合不同的扩展要素，可以形成众多的车辆路径问题的扩展问题。

（5）带需求分割的车辆路径问题。

带需求分割的车辆路径问题（split delivery VRP，SDVRP）属于标准车辆路径问题的重要松弛问题，最早是由多瑞（Dror，1990）提出。在标准的车辆路径问题中，每个客户点的服务要求只能由一辆车完成，而在 SDVRP 中，客户点的需求可以同时由几辆车辆分割来满足，由此来实现总的车辆数或车辆行驶费用的降低。

（6）开放式车辆路径问题。

开放式车辆路径问题（open VRP，OVRP）由施拉格（Schrage，1981）首次提出。该问题与基本车辆路径问题的区别在于配送车辆完成任务后是否需要返回出发车场。在 OVRP 中，车辆的路线是一条哈密顿路径，车辆不需要回到出发车场，如有返回要求，也必须沿原路返回；而在基本车辆路径问题中，车辆的路线是一个哈密顿圈。

（7）多车型车辆路径问题。

多车型车辆路径问题（heterogeneous VRP，HVRP）由金德等（Golden et al.，1984）首先提出，相较于基本车辆路径问题中服务车辆型号统一的假设，该问题重点研究由不同类型（例如载重量、容量、单位服务费用等）的车辆为客户点提供服务，因此更接近实际情况。

（8）多车场车辆路径问题。

基本的车辆路径问题一般假设只有一个车场（仓库、配送中心等），所有从车场（仓库、配送中心等）出发的车辆在满足客户点服务需求后仍须返回出发地。在实际情况中，多车场车辆路径问题（multiple depot VRP，MDVRP）是普遍存在的，且多个车场（仓库、配送中心等）分布在不同区域，因此相对于单车场（仓库、配送中心等）问题更为复杂。

在解决多车场车辆路径问题时，大多都是按照某种规则进行复杂问题拆分，即将客户点分配给某个车场（仓库、配送中心等），然后将该问题简化为多个单一车场（仓库、配送中心等）问题求解。

（9）多车程车辆路径问题。

基本车辆路径问题通常假设服务车辆数无限，且每辆车仅服务一条路线。但在很多实际运用中，车辆数相对有限，如计划周期很长或车辆载运量很小，单辆车服务多线路可能是唯一的可行选择，具有此类特征的车辆路径问题被称为多车程车辆路径问题（VRP with multiple trips，VRPMT）。

它是基本车辆路径问题的扩展类型，在给定车辆数的情况下，可以参照前者构建数学模型。与基本问题的区别在于其可行解无须满足"车辆只服务一条路线"的约束条件。

12.1.2.2 动态 VRP

继皮萨偌夫（Psaraftis）的研究之后，有学者（Powell et al.，1995；Bertsimas et al.，1996；Gendreau et al.，1998）从车辆数量的不确定性、客户需求的不确定性、运输网络的不确定性、动态复杂系统等方面阐述了动态车辆调度问题。

虽然对动态 VRP 的研究还不多，但涉及的内容和领域非常广泛。因此，将某些具有共同属性的问题集合在一起，有助于把对某一问题的研究成果拓展到同类问题。根据动态 VRP 中出现的不确定性，可将该问题分为以下三类：

（1）动态需求 VRP。

动态需求 VRP 是由对需求预测的不确定性引起的问题。需求预测中产生的不确定性（如需求量和需求时间的不确定性）往往导致不确定性需求的动态 VRP，目前的研究主要集中在该类问题上。

（2）动态车辆 VRP。

动态车辆 VRP 是由对提供服务的车辆和司机的不确定性引起的问题。在规定车辆路径的过程中，除了要考虑顾客需求外，服务资源和服务设施的不确定性也构成了一类重要的动态 VRP。

（3）动态网络 VRP。

动态网络 VRP 是由线路网络性能的不确定性引起的问题。路线网络性能的不确定性可能涉及旅行时间（因天气变化或交通堵塞）或路线网络容量的不确定性。目前，动态网络车辆调度的研究主要集中在时间依赖型 VRP（time dependent VRP，TDVRP）。

12.1.2.3 随机 VRP 研究

随机 VRP 的研究始于 20 世纪 80 年代初，目前主要集中在随机客户、随机需求和随机旅行时间三个方面。对于随机客户 VRP（VRP with stochastic customers，VRPSC），例如消防、公安、医疗等公共事业部门以及维修、邮递、运输等服务行业经常会出现这种情况。对于随机需求 VRP（VRP with stochastic demand，VRPSD），虽然知道确切的客户，但却无法知道其准备的需求量，这类问题在国外冬季取暖的燃油配送等方面经常出现。随机客户和需求 VRP（VRP with stochastic customers and demand，VRPSCD）将 VRPSD 和 VRPSC 结合在一起，是一个非常困难的问题，甚至计算目标函数的值也是相当困难的。目前，对随机旅行时间 VRP（VRP with stochastic time，VRPST）的研究不多，而对随机网络的最短路径问题研究比较多，将其已有的成果引入 VRPST 将是今后研究的方向。

　　随机 VRP 对应于 VRP 中的某些因素是随机的，如旅行时间不确定、需求量未知、顾客是否存在未知，这些都属于随机因素。通常，随机 VRP 属于二阶段式求解问题：第一阶段设计一个预先安排的线路，第二阶段用求助方式来调节如超过容量限制这类的问题。在随机 VRP 中，还存在一类更为复杂的问题，在这些问题中，信息随时间的变化而发生更新，具有"动态"特点，故称它们为动态随机 VRP。动态随机 VRP 具有如下特点：（1）快速的响应能力；（2）路径规划或执行中可以接收新信息；（3）未来信息的不确定性；（4）系统中可能出现服务请求拥挤或不能服务的请求。由于这些特点的存在，使规划它的路径异常复杂，与其他类型问题相比，对它的研究相对也比较少，且大部分是最近几年才出现的。在现有的研究成果中，解决此问题，主要采用马尔可夫（Markov）决策方法、排队论和网络方法等方法。Markov 决策过程是解决动态随机优化问题的有力工具，但由于存在状态"维数灾难"问题或高维积分问题，限制了其应用。

12.1.3　国内外研究现状

　　关于 VRP 的研究已经有 50 多年的历史，VRP 是运筹组合优化领域中著名的 NP - 困难问题。经典的 VRP 最早由学者丹其格和拉姆（Dantzig & Ramser，1959）提出；博丹（Bodin，1983）撰写了详细的 VRP 研究综述，罗列出 VRP 相关参考文献 699 篇；托特和威格璐（Toth & Vigolu，2002）系统全面地分析了 VRP 的当前研究进展以及发展方向。随着学科间的联系日益紧密，VRP 模型也从简单的静态 VRP、VRPPD 和 VRPTW 等模型发展到较复杂的随机模糊 VRP、动态 VRP 等。相应的求解算法也从精确方法、启发式方法等发展到现在种类众多的智能优化算法。

　　桑翟（Thangiah，1991）使用遗传算法对 VRPTW 进行求解，但存在"早熟收敛"问题。布兰特等（Blanton et al.，1993）提出了用贪婪算法的遗传算法来求解 VRPTW。波特凡等（Potvin et al.，1996）提出结合神经网络和遗传算法的方法求解 VRPTW，该方法中客户选取竞争神经网络，客户安排用改进的所罗门（Solomon）插入法。此外，还研究了基于动态需求和旅行时间的动态 VRP，并讨论了动态需求的处理，但对动态旅行时间和算法求解没有给出明确说明。克里斯琴（Christiansen，2007）运用改进动态规划算法研究了具有随机需求的 CVRP，实验结果表明，该算法取得了令人满意的结果。贝克（Baker，2003）用改进的遗传算法求解不确定车辆数的 VRPTW。谭（Tan, 2006）为实现 VRPTW 的多目标优化，设计了专门的遗传算子和染色体，并提出了结合帕累托最优法的混合遗传算法。谭特瑞凯斯等（Tatarakis et al., 2008）使用动态规划法对带容量约束的单车辆 SVRP 进行了研究，并提出了求解该问题的动态规划算法。拉森（Larsen, 2000）建立了动态旅行修理员等可挂模型辅助分析 DVRP 的特性，并且将研究成果应用于一种远距离邮包服务问题中，验证了其实用性。拉提佛等（Letchford et al., 2007）提出了使用基于分枝切面法求解 OVRP 的精确算法。德里德里迪等（Dridi et al., 2009）解决 VRPPDTW 时运用了遗传算法对行驶距离和物流总费用进行最小化。康德慷等（Cordeau et al., 2010）在求解先进先出的 VRPPD 时使用了改进数学规则的分支定界法。阿尔切蒂等（Archetti et al., 2006）在对 VRPSD 最优解的性质进行研究后，设定了临界紧密的上下界，并同时对最坏情况进行了分析。

在国内，许多学者也进行了相关方面的研究。杨宇栋等（2006）通过添加客户直接排列的解代表法对模拟退火算法进行了改进，从理论上获取全局最优解，但这种方法在实际使用中还需要重复多次执行模拟退火算法才能得到近似全局最优解。刘浩等（2004）对 SVRP 用两阶段 C – W 模拟退火算法进行求解。肖天国和符卓（2008）提出了应用交叉、变异概率的交叉算子和自适应机制构造遗传算法求解 OVRP 问题。吴斌等（2009）研究了基于客户满意度的 OVRP，并运用梯形模糊数对客户满意度进行了代表。於世为等（2012）在求解 OVRP 时运用了基于遗传算法和禁忌搜索的混合算法，并在实际应用中取得了良好效果。龙磊等（2008）对有同时集送货要求的 VRP 的混合规划模型进行了建立，同时用基于自适应的混合遗传队所建立的模型进行设计和求解。算法中的适应值通过最优划分法来计算，变异算子通过邻域搜索法来获取，并设了新的群体更新策略，对变异概率和群体多样性结构的变化规律进行了定义。宋伟刚等（2005）研究了带时间窗的单站点和单车型 VRPSD，并提出一种基于改进遗传算法对最优总配送里程的满意解进行求解。张建勇等（2005）针对实际应用在构建 VRPSPD 数学模型的基础上，提出了用混合遗传算法求解逆向物流问题的方法。李兵等（2008）对于集货过程中客户需求随时间变化的动态车辆路径规划问题，按时间段划分为一系列车辆已驶离中心车场的静态 VRP 问题，引入虚拟任务点与相关约束方法，将其进一步等价转化为普通的静态 VRP 问题，使用适用于静态问题的算法求解。赵燕伟等（2009）提出了一种求解 CVRP 的混合量子进化算法，实验结果证明，该混合量子化算法性能优于遗传算法和粒子群算法。随后，张景玲等（2010）针对动态需求 VRP，建立了问题的两阶段模型，设计了适用于两阶段的求解策略的混合量子进化算法，并验证了算法求解动态问题的有效性。

综上可以看出，国内外学者已经从模型优化、搜索技术和求解方法等方面对 VRP 展开了众多探索性研究，取得了丰硕的阶段性成果。虽然如此，VRP 的求解仍存在一些问题：

（1）研究的 VRP 模型数量不少，但研究点比较单一，与实际应用中的问题间仍存在一定间距。实际问题中约束条件往往具有不确定性，综合考虑客户需求、路况信息等多种不确定因素的问题需要更深入的研究。

（2）当 VRP 规模限制在 200 客户点以内时，已有的求解方法可以从不同角度进行解决，但当 VRP 规模较大时，已有方法的求解效率明显降低甚至停滞，主要原因是当问题规模增大时，解的状态空间也随之迅速膨胀。当遇到规模较大的 VRP 时，如何有效降低问题求解的状态空间需要更详细的研究。

（3）现有算法解决的问题大多局限于在有明确信息的情况下，而客户点具体位置、客户重要程度、路况随时间变化的通畅程度等客户方和交通环境等具体变化因素并未加以考虑。这将使所提算法局限在理论层面而极大降低了算法的实用价值。问题的求解过程应该将车辆配送过程可能遇到的不确定因素进行考虑，即对客户的动态需求和路况的动态变化问题需要更细致的研究。

（4）在车辆配送过程中，根据客户的不同需求使客户满意以及在保证客户满意的前提下尽量降低成本是决定车辆路径问题效果的关键。当前研究过多的倾向于单一目标的实现也使问题的解决出现顾此失彼的现象。因此，尽可能将关系客户和企业双方利益的多种目标进行综合考虑，应该成为未来研究的关键点之一。

（5）当前针对解决 VRP 的不同算法的评价标准没有统一。不同算法对测试数据的规模和数值有一定差异，这将导致对算法性能的评价缺乏客观性。根据 VRP 类型的不同，选择统一规模的数据进行测试，是评价算法性能优劣的前提。统一的、有针对性的算法性能评价标准体系的建立是需要解决的必要问题。

12.2　VRP 问题的数学模型

12.2.1　CVRP 问题的数学模型

CVRP 是所有 VRP 中最基本的问题，此模型仅对车辆载重和行驶线路长度进行了限制。CVRP 已被证明是一个 NP 完全问题，且可以看作是 TSP 问题与集箱问题（BPP）的混合问题。CVRP 问题提出后，各学科专家对其进行了大量的理论研究和实验分析，取得了很大进展。在解决 VRP 的各种算法中，大多数算法是针对 CVRP 问题。一般来说，新算法提出后，需先在 CVRP 中进行应用，成功后再应用于其他模型。

CVRP 的模型有多种形式，本节将列举以下三个数学模型：假定配送中心最多可以用 K（$k = 1, 2, \cdots, K$）辆车对 R（$i = 1, 2, \cdots, R$）个客户进行运输配送，$i = 0$ 代表仓库。优化的目标是使用车辆最少，行驶距离最短。

则 CVRP 的数学模型如下：

$$\min \sum_{k=1}^{K} \sum_{i=0}^{R} \sum_{l=0}^{R} d_{il} x_{ilk} \tag{12.1}$$

模型 12.1
$$s.t. \quad \sum_{i=1}^{R} w_i x_{ik} \leq c_k \quad \forall k \tag{12.2}$$

$$\sum_{k=1}^{K} x_{ik} = \begin{cases} K & i = 0 \\ 1 & i = 1, 2, \cdots, R \end{cases} \tag{12.3}$$

$$\sum_{i=1}^{R} x_{ilk} = x_{lk} \quad \forall l, k \tag{12.4}$$

$$\sum_{l=1}^{R} x_{ilk} = x_{ik} \quad \forall i, k \tag{12.5}$$

$$\sum_{i,l \in M} x_{ilk} \leq |M| - 1, \quad \forall M \subset \{1, 2, \cdots, R\}, \ 2 \leq |M| \leq R \ \forall k \tag{12.6}$$

$$x_{ik} = 0 \ \text{或} \ 1, \quad \forall i, k \tag{12.7}$$

$$x_{ilk} = 0 \ \text{或} \ 1, \quad \forall l, i, k \tag{12.8}$$

其中，目标函数式（12.1）为目标函数，使得行驶距离最短；约束条件式（12.2）保证每辆车的约束能力；约束条件式（12.3）保证每个客户都能被服务；约束条件式（12.4）和约束条件式（12.5）保证客户仅被一辆车服务；约束条件式（12.6）消除子回路；约束条件式（12.7）和约束条件式（12.8）代表 x_{ik} 和 x_{ilk} 为 0，1 变量；c_k 为运输工具 k 的能力；w_i 为需求节点 i 的业务量或需求；d_{il} 为从需求点 i 到需求点 l 的运输成本（可以是距离、费用等）。

决策变量：

$$x_{ik} = \begin{cases} 1 & \text{客户 } i \text{ 由车辆 } k \text{ 配送} \\ 0 & \text{其他} \end{cases}$$

$$x_{ilk} = \begin{cases} 1 & \text{如果第 } k \text{ 个运输工具从 } i \text{ 到 } l \\ 0 & \text{其他} \end{cases}$$

对于 CVRP 问题模型求解出的方案常常存在各线路任务量不均衡的缺点。为了保证各线路的均衡，可以对其目标函数进行改进，则得到均衡的 CVRP 数学模型如下：

$$\min \sum_{k=1}^{K} (e_k^+ + e_k^-) \tag{12.9}$$

模型 12.2 　　　　$s.t. \quad \sum_{i=1}^{R} w_i x_{ik} \leqslant c_k, \quad \forall k \tag{12.10}$

$$\sum_{k=1}^{K} x_{ik} = \begin{cases} K & i = 0 \\ 1 & i = 1, 2, \cdots, R \end{cases} \tag{12.11}$$

$$\sum_{i=1}^{R} x_{ilk} = x_{lk}, \quad \forall l, k \tag{12.12}$$

$$\sum_{l=1}^{R} x_{ilk} = x_{ik}, \quad \forall i, k \tag{12.13}$$

$$\sum_{i, l \in M} x_{ilk} \leqslant |M| - 1, \tag{12.14}$$

$$\forall M \subset \{1, 2, \cdots, R\}, \ 2 \leqslant |M| \leqslant R, \ \forall k$$

$$\sum_{i=1}^{R} w_i x_{ik} - d_{ave} + e_k^+ - e_k^- = 0, \quad \forall k \tag{12.15}$$

$$e_k^+, e_k^- \geqslant 0, \quad \forall k \tag{12.16}$$

$$x_{ik} = 0 \text{ 或 } 1, \quad \forall i, k \tag{12.17}$$

$$x_{ilk} = 0 \text{ 或 } 1, \quad \forall l, i, k \tag{12.18}$$

其中，约束条件式（12.15）中的 d_{ave} 代表每辆车的平均配送距离，e_k^+，e_k^- 是引入的松弛变量，用于衡量均衡性。

通常均衡的 CVRP 的数学模型为保证其均衡性，会选择距离较远的路线，而忽略最短距离这一重要目标，因此，可将最短距离与均衡两者相结合得到多目标 CVRP 的数学模型如下：

$$\min \frac{\sum_{k=1}^{K} \sum_{i=0}^{R} \sum_{l=0}^{R} d_{il} x_{ilk} - m_1}{M_1 - m_1} + \frac{\sum_{k=1}^{K} (e_k^+ + e_k^-) - m_2}{M_2 - m_2} \tag{12.19}$$

模型 12.3 　　　　$s.t. \quad \sum_{i=1}^{R} w_i x_{ik} \leqslant c_k, \quad \forall k \tag{12.20}$

$$\sum_{k=1}^{K} x_{ik} = \begin{cases} K & i = 0 \\ 1 & i = 1, 2, \cdots, R \end{cases} \tag{12.21}$$

$$\sum_{i=1}^{R} x_{ilk} = x_{lk}, \quad \forall l, k \tag{12.22}$$

$$\sum_{l=1}^{R} x_{ilk} = x_{ik}, \quad \forall i, \ k \tag{12.23}$$

$$\sum_{i,l \in M} x_{ilk} \leqslant |M| - 1 \tag{12.24}$$

$$\forall M \subset \{1, \ 2, \ \cdots, \ R\}, \ 2 \leqslant |M| \leqslant R, \ \forall k$$

$$\sum_{i=1}^{R} w_i x_{ik} - d_{ave} + e_k^+ - e_k^- = 0, \quad \forall k \tag{12.25}$$

$$e_k^+, \ e_k^- \geqslant 0, \quad \forall k \tag{12.26}$$

$$x_{ik} = 0 \ \text{或} \ 1, \quad \forall i, \ k \tag{12.27}$$

$$x_{ilk} = 0 \ \text{或} \ 1, \quad \forall l, \ i, \ k \tag{12.28}$$

其中，m_1 和 M_1 分别是模型 12.1 求出的目标函数值和模型 12.2 求解后计算出的配送总距离；m_2 和 M_2 分别是模型 12.2 的目标函数值和模型 12.1 求解后计算出的均衡度衡量指标。

12.2.2 VRPTW 问题的数学模型

12.2.2.1 时间窗

时间窗 $[ET, LT]$ 代表客户允许服务的时间范围，ET 代表允许最早开始时间，LT 代表允许最迟开始时间。根据对时间窗约束的不同处理，可以分为以下两类：

（1）硬时间窗。硬时间窗要求每个客户必须在要求的时间范围内服务，超出这个时间范围得到的解为不可行解。

（2）软时间窗。软时间窗要求如果某项任务不能在要求的时间范围内完成则给予一定的惩罚。若车辆在 ET 之前到达，则车辆在此等待，增加了时间成本；若车辆在 LT 之后到达，则服务被延迟，需支付一定的罚金成本。

12.2.2.2 VRPTW 问题的数学模型

VRPTW 可由图论描述如下：设图 $G = (V, A)$ 是完全有向图，$A = \{(i, j) | i, j \in V\}$ 代表各客户之间的路径，$V = (0, 1, 2, \cdots, N)$ 为节点集，0 代表配送中心的标号，其他节点数字代表要被服务的客户标号。客户 i 的需求量为 w_i，客户 i 的服务时间为 b_i（$b_0 = 0$），弧（i, l）上的权值 d_{il} 代表车辆从客户 i 到客户 l 的代价，c_k 代表每辆车的运输能力，$[e_i, p_i]$ 代表每个客户的时间窗。问题的目标是找到一个路径集，要求每条路径的起点和终点都是配送中心，每辆车的装载量不能超过容量限制 c_k，并且要在客户的时间窗内到达客户所在的位置。

VRPTW 问题的变量：

t_i：车辆到达客户 i 的时间；

ϖ_i：车辆在客户 i 处的等待时间；

$$x_{ilk} = \begin{cases} 1 & \text{如果第 } k \text{ 个运输工具从 } i \text{ 到 } l \\ 0 & \text{其他。} \end{cases}$$

相关参数：

K：车辆总数；

R：客户总数；

d_i：客户 i；

d_0：配送中心；

d_{il}：从需求点 i 到需求点 l 的运输成本（可以是距离、费用等）；

t_{il}：需求点 i 到需求点 l 的路由时间（本节 $t_{il} = d_{il}$）；

w_i：需求节点 i 的业务量或需求；

c_k：运输工具 k 的能力（$k \in \{1, 2, \cdots, K\}$）；

$[e_i, p_i]$：客户 i 的时间窗，e_i 代表车辆最早可服务客户 i 的时间，p_i 代表最迟可服务时间；

p_0：配送中心最迟开放时间；

b_i：客户 i 的服务时间（$b_0 = 0$）。

VRPTW 的数学模型如下：

$$\min \sum_{k=1}^{K} \sum_{l=1}^{R} x_{ilk}, \ i=0 \tag{12.29}$$

$$\min \sum_{i=0}^{R} \sum_{l=0}^{R} \sum_{k=1}^{K} d_{il} x_{ilk} \tag{12.30}$$

模型 12.4 $s.t.$
$$\sum_{l=1}^{R} x_{ilk} = \sum_{l=1}^{R} x_{lik} \leqslant 1, \ i=0, \ k \in \{1, \cdots, K\} \tag{12.31}$$

$$\sum_{k=1}^{K} \sum_{l=0}^{R} x_{ilk} = 1, \ i \in \{1, \cdots, R\} \tag{12.32}$$

$$\sum_{k=1}^{K} \sum_{i=0}^{R} x_{ilk} = 1, \ l \in \{1, \cdots, R\} \tag{12.33}$$

$$\sum_{i=0}^{K} w_i \sum_{l=0}^{R} x_{ilk} \leqslant c_k, \ k \in \{1, \cdots, K\} \tag{12.34}$$

$$\sum_{i=0}^{R} \sum_{l=0}^{R} x_{ilk}(t_{il} + b_i + \varpi_i) \leqslant p_0 \tag{12.35}$$

$$\sum_{k=1}^{K} \sum_{l=0}^{R} x_{ilk}(t_i + t_{il} + \varpi_i + b_i) \leqslant t_l, \ l \in \{1, \cdots, R\} \tag{12.36}$$

$$e_i \leqslant t_i + \varpi_i \leqslant p_i, \ i \in \{0, \cdots, R\} \tag{12.37}$$

VRPTW 问题模型的各约束条件含义如下：

目标函数式（12.29）和目标函数式（12.30）为目标函数，分别为最小化车辆数目及运输成本，本节以最小化车辆数目为第一目标；约束条件式（12.31）确保每辆车从配送中心出发，最后返回配送中心；约束条件式（12.32）和约束条件式（12.33）确保每一客户只被一辆车访问一次；约束条件式（12.34）和约束条件式（12.35）分别为最大载重及最大运输时间限制；约束条件式（12.36）和约束条件式（12.37）为客户时间窗限制条件。

12.3 VRP 问题的求解

12.3.1 传统求解算法

在 VRP 问题的传统求解方法中，消除子回路约束条件的个数是随节点个数的增加而以指数关系增长，因此导致 VRP 问题的求解规模一直保持较低水平。目前虽然有许多改进的约束条件，如 MTZ 约束，但是求解规模仍然较小。

例 12.1：交巡警平台优化问题（五）

在交巡警平台围堵罪犯时，由于车辆资源较为紧张，部分物资的时效性要求不高，因此可以采用配送的方式分发该部分物资，从而节约车辆资源。

（1）基本数据的获取。

根据提供的出入 A 区的路口标号，经纬度、连接关系等数据，可以利用 Floyd 函数计算出 A 区各出入口之间的最短距离。设置 A 区各出入口的犯罪次数为需求量。选择 3 辆常用运载工具作为配送车辆。

（2）多目标 CVRP 求解模型。

第一步：设置三种常用运载工具的具体载重量，选取 A 区各出入口作为配送中心；

第二步：将数据传入模型 12.1 中，得到目标函数值 m_1，并在求解后计算出均衡度衡量指标 M_2；

第三步：将数据传入模型 12.2 中，得到目标函数值 m_2，并在求解后计算出配送的总距离 M_1；

第四步：根据第二步和第三步计算出的相关数据，对模型 12.3 的目标函数进行标准化处理，重要程度设置为相同，得到分别以 13 个出入口为配送中心的最终的配送方案如图 12-4~图 12-6 所示。

根据图 12-4 中的配送路径可知，在选取部分出入口作为配送中心时，存在较大的不均衡情况。而在图 12-5 中的配送路线存在大量的交叉，导致配送路径不合理的情况。根据图 12 - 6 中的配送路线可知，模型 12.3 选择的配送路线较为均衡且配送距离较为合理，适合实际应用。

相关程序在本书电子资源第 12 章文件夹中，文件名为：传统求解算法。①

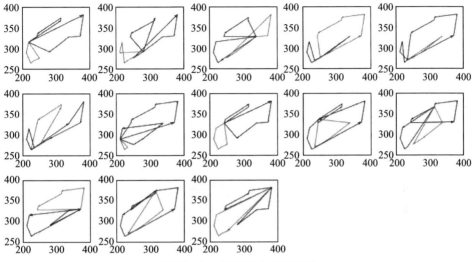

图 12 - 4　模型 12.1 求解结果

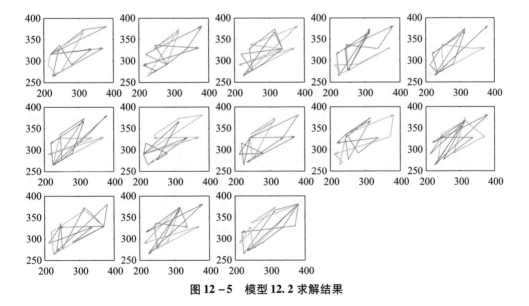

图 12 - 5　模型 12.2 求解结果

---

① 本章电子资源可发送邮件至前言中提及的邮箱索取。

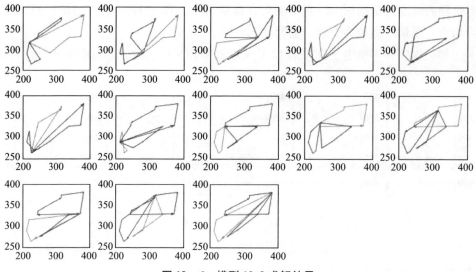

图 12 - 6　模型 12.3 求解结果

12.3.2　混合法

在配送节点数量较多时，传统的 VRP 求解算法难以在合理时间内计算出结果，但可采用启发式算法计算出一个较优的结果。混合法是结合传统算法和启发式算法两者的优点所开发的一种算法，对于较小规模的配送问题，能够自动选择传统的精确算法；对于较大规模的配送问题则采用启发式算法，能够在合理的时间内给出一个较优的结果。

例 12.2：某市疫情物资配送问题

在特殊时期转运大量生活物资时，配送节点规模会非常大，采取传统的精确求解算法难以在短时间内得出结果，对于部分节点数较多的区域，采用启发式算法能够获得一个较优的结果，同时整体的求解时间也相对合理。

（1）基本数据的获取。

根据提供的某市某区 200 个社区的经纬度、连接关系等数据，可以利用 Floyd 函数计算出各社区之间的最短距离。以 2KM 为管辖半径。设置精确算法最大求解点数为 25，用于选择算法，引入模拟退火算法、蚁群算法、遗传算法和混合法作为求解备选的四种启发式算法。

（2）混合法。

第一步：利用 LSCP 模型计算出管辖半径为 2KM 时的最小选址数量；

第二步：将第一步得到的最小选址数量传入模型 8.5，得到合适的中心节点社区，并计算出将目标函数值作为加权运输距离最小值的 m_1 和总差值作为最大值的 M_2；

第三步：利用模型 8.9，设置半径为 2KM，根据 LSCP 模型提供的最小选址数量，在模型求解后计算出加权距离最大值的 M_1 和目标函数值作为每个投放节点业务量与平均业务量的总差值作为最小值 m_2；

第四步：设置半径为 2KM，根据第二步和第三步得到的 m_1、M_2、M_1 和 m_2 标准化模型 8.10 的目标函数，将加权距离最小化与均衡目标设置为同等重要，得到最终的管辖方案；

第五步：设置精确算法最大求解点数为 25，对于管辖节点数小于或等于 25 的部分选用精确算法求解，对于管辖节点数大于 25 的部分选用启发式算法求解，此处以选用模拟退火算法为例，计算时间约为 150 秒，具体结果如图 12 - 7 所示。

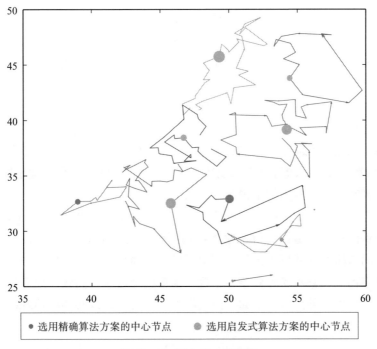

图 12 - 7　混合法求解结果

根据图 12 - 7 可知，在短时间内启发式算法求解出的结果较为合理，可作为分配方案的可行解使用。

第 13 章

地下物流网络的最优设计与调度问题

13.1 地下物流运输网络的设计概要

随着城镇化进程的快速推进以及人们生活水平的不断提高，众多发达城市的货运量快速上升。同时，伴随而来的私家车数量的快速提升，进一步加剧了地面交通网络的压力。研究结果表明，导致城市交通拥堵的主要原因是交通需求激增所带来的地面道路上车辆和车次数量的快速增长，其中部分是货物物流的需求增长。尽管货车占城市机动车总量的比例不大，但由于货运车辆一般体积较大、载重时行驶较慢，车流中如果混入重型车，将会明显降低道路的通行能力，因此，其占用城市道路资源的比例较大。目前，世界各国都在为解决城市交通和环境问题进行积极探索，而处理好货运交通已成为共识。大量实践证明，仅通过增加地面交通设施来满足不断增长的交通需求，既不科学也不现实，地面道路不可能无限制地增加。因此，"统筹规划地上地下空间开发"势在必行，"地下物流系统"正受到越来越多发达国家的重视。

地下物流系统（underground logistics system，ULS）是指城市内部及城市间通过类似地铁的地下管道或隧道运输货物的运输和供应系统。它不占用地面道路，减轻了地面道路的交通压力，从而缓解了城市交通拥堵；它采用清洁动力，有效减轻了城市污染；它不受外界条件干扰，运输更加可靠、高效。地面货车减少的同时带来了巨大的外部效益，如路面损坏的修复费用，以及环境治理的费用，可以用于补偿地下物流系统建设的高投资。

我国关于地下物流系统的研究开始于 2002 年，之后张耀平和王大庆（2002）、聂小方和田丰新（2003）及马保松等（2004）先后对地下物流系统进行了基本介绍，并指出对我国城市发展的重要性。钱七虎（2004）认为城市交通拥堵不仅是我国特大城市的问题，也是困扰世界各国城市交通的难题，并提出建设特大城市地下快速路和地下物流系统的新思路，认为城市交通网络体系的搭建要与城市格局相协调。

关于城市地下物流系统的研究多集中在可行性研究和技术层面，如刘（Liu，2008）总结了纽约的风力舱体管道技术的可行性，为其他城市的地下物流建设提供了参考。宾斯伯格和波维（Binsbergen & Bovy，2010）提出了两个地下交通设计方案，一种是设置专用车道，将城市的部分公园与市中心的购物区直接连接起来；另一种是完全的地下物流网络设置，配置专用的车辆和转运技术，以减缓城市运输系统的压力。范益群和钱七虎（2011）以及裴琦等（2012）提倡通过优化建设地下环境物流，从技术层面提出解决城市垃圾的处置能力和收运方式的方法。马成林等（2014）认为不同的物流发展模式对城市地下物流系统的影响不同，总结了地铁、胶囊管道、地下车辆三种不同的发展模式对建筑技术的依赖。

这些研究共同指出，城市交通压力与日俱增。正如加利福尼亚大学交通中心的马丁·瓦奇（Martin Wachs）所说：“你永远无法建造足够的道路来赶上解决交通堵塞的需要。交通量的上升，总是超过了道路的通行能力。”[①] 地下物流系统建设成为共识，其在可行性和技术层面都已经基本解决，且已有成功案例。但是地下物流系统毕竟不同于地上物流系统，钱七虎（2007）曾明确指出，地下物流系统并不是将传统的地面物流系统简单地移至地下，而是从城市可持续发展的角度出发，解决地面物流难以解决的问题。学者们在论述地下物流系统建设的各种可能性的同时，无法避开的一个关键点就是地下物流网络的配置优化问题，尤其是基于某一个城市的地下物流网络设计、关键节点选址和路线布局，都尚处于探索阶段。

钱七虎（2004）根据北京市的实际运输情况，运用最小路径算法和网络运输优化模型对北京市的 ULS 进行了设计规划和可行性论证。李彤和王众托（2013）采用模拟植物生长算法（PGSA）优化布局城市地下物流网络，发现这一方法比蚁群算法和模拟退火算法更好，丰富了 ULS 的研究方法。周婷和周爱莲（2016）指出地下物流系统规划必须考虑时间成本和投入成本，并在成本的基础上，采用遗传算法对地下物流配送路线进行优化布局。闫文涛和覃燕红（2016）、曾令慧和周爱莲（2017）运用双层规划模型对地下物流系统建设的物流节点选址问题进行了研究，兼顾考虑了物流规划决策部门与客户双方的利益，具有一定的研究价值。上述学者多将传统的模拟算法用于解决地下物流网络的优化问题，但是大多脱离不同城市的具体特点设计 ULS 系统，这是当前阶段亟须深入研究解决的问题。

---

① 谢炜. 北京将开发地下空间资源以缓解交通拥堵. 新京报，https：//news. sina. com. cn/c/2004 – 06 – 27/01543531660. shtml.

地下物流系统的设计问题涉及领域较多，除了需要设计合理的地下运输设备，还需要结合运输节点的选择、线路的规划以及班次的设计等众多问题，展开全面的优化设计。这不仅需要我们综合利用过去的优化建模理论，同时还需要结合地下物流系统建设的实际状况，提出原创性的优化设计策略。下文将对地下物流运输网络的设计与优化问题展开系统的讨论，结合图论、最优化理论及统计学相关理论，提出切实可行的地下物流网络设计方案，旨在奠定地下物流网络设计理论与实践的双层基础。

13.2 基本假定与符号说明

为建立相关的地下物流网络模型，需引进如下参数：

$i(i=1, 2, \cdots, n)$ 代表需求节点下标；

$j(j=1, 2, \cdots, m)$ 代表备选节点下标；

I 代表需求节点集合；

J 代表备选节点集合；

d_{ij} 代表需求节点 i 到备选节点 j 的距离；

P 代表选定的备选中心数量；

D_i 代表第 i 个需求节点或区域 A_i 的覆盖半径上限；

D_j 代表第 j 个备选节点覆盖半径上限；

r 代表覆盖半径；

w_i 代表第 i 个需求节点或区域 A_i 的业务量均值；

$N(i)$ 代表所有能够覆盖第 i 个需求节点或区域 A_i 的备选节点构成的集合，$N(i) = \{j \mid d_{ij} \leqslant D_i\}$；

$M(j)$ 代表所有能够被第 j 个备选节点所覆盖的需求节点构成的集合，$M(j) = \{i \mid d_{ij} \leqslant D_j\}$；

Cap_j 代表第 j 个备选中心的业务量上限；

c_j 代表第 j 个备选中心的选址成本。

决策变量定义：

$$x_j = \begin{cases} 1 & \text{如果一个备选中心被选定} \\ 0 & \text{如果一个备选中心不被选定} \end{cases}$$

$$y_i = \begin{cases} 1 & \text{需求节点 } i \text{ 或区域 } A_i \text{ 至少被一个备选中心所覆盖} \\ 0 & \text{无备选中心覆盖需求节点 } i \text{ 或区域 } A_i \end{cases}$$

$$z_{ij} = \begin{cases} 1 & \text{如果需求节点 } i \text{ 被备选中心 } j \text{ 所覆盖} \\ 0 & \text{如果需求节点 } i \text{ 不被备选中心 } j \text{ 所覆盖。} \end{cases}$$

13.3　数据的标准化处理

13.3.1　关键位置的标准化处理

货运量调度数据往往存在诸多问题，例如类型繁多、格式不规范、不统一等，特别是业务节点的名称和关键位置的名称不统一。因此，首先需要对关键位置的数据进行标准化处理，为下一步的优化和应用奠定基础。

关键位置的处理方式众多，其中较为常用的标准化处理方式为利用经纬度数据或经纬度数据的变形形式数据。

13.3.2　货运量数据的整理

在对货物的位置及交通网络等关键位置的数据进行标准化处理后，需要进一步对货运量数据进行标准化处理。货运量数据通常以每个节点的发出与发往数据构成的起终点（origin to destination，OD）距离矩阵的形式进行存储。

货运量数据包含的城市内部的物流园区、物流节点合并投影关键位置及以 OD 矩阵等关键数据。由于相关数据数量庞大，因此本书未提供具体数据。

13.4　一级节点位置的选择

传统城区内部的货物运输方式基本采用货车运输方式。货车运输方式的缺点在于运输量受到限制导致的运输成本过高。如果采用大批量运输方式，则可以有效降低运输成本。因此，转运或者多式联运方式经常被采纳。地下物流网络的一级节点可以认为是中转的重要节点，其位置的优劣直接关系到运输效率。现有的物流园区既是城市之间货物流通的桥梁，同时也是城市内部货物实现转运的重要节点。通过设计适当的一级转运节点，并与物流园区建立互通关系，定将大大减少地下物流运输成本。

一级节点的数量不宜过多，各节点之间的距离不宜过近，因为这两个因素直接关系到运输效率。同时，一级节点与业务节点的加权距离越小越好。

13.4.1　一级节点数量的确定

一级节点的数量与各业务节点之间的距离存在较强的关系，通常需要给定覆盖半径，以保障一级节点与业务节点之间的距离小于这一覆盖半径。在给定覆盖半径的情况下，我们期望用最少的一级节点数量覆盖所有的业务节点。这一问题被称为集合覆盖选址问题。

集合覆盖选址模型的目标是用尽可能少的设施覆盖所有的需求点,如图 13 – 1 所示。已知若干个需求点(客户)的位置和需求量,需要从一组候选的地点中选择若干个位置作为物流设施网点(如配送中心、仓库等)。在满足各需求点的服务需求的条件下,使所投建的设施点数目或建设费用最小。根据目标函数,可将集合覆盖模型分为两类,一类是不带权重的以最小化设施数目为目标,称为最小基数集合覆盖模型(minimum cardinality set covering problem,MC-SCP);另一类是带权重的以最小化设施建设费用为目标,称为加权集合覆盖模型(weighted set covering problem,WSCP)。这两种集合覆盖模型分别适用于不同的应用场景,当各个设施候选位置建造设施的成本较接近时,则使用最小基数集合覆盖模型;当不同位置建造设施的成本相差很大时,则使用加权集合覆盖模型会更符合实际应用场景。

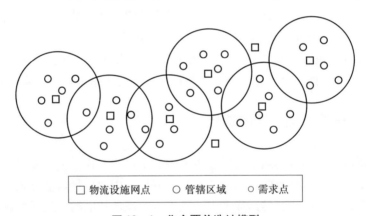

| □ 物流设施网点 | ○ 管辖区域 | ○ 需求点 |

图 13 – 1　集合覆盖选址模型

最小基数集合覆盖模型如下:

$$\min \sum_{j \in J} x_j \tag{13.1}$$

模型 13.1　　　　$s.t. \quad \sum_{j \in N(i)} x_j \geqslant 1, \ \forall i \in I \tag{13.2}$

$$x_j = \{0, 1\}, \ \forall j \in J \tag{13.3}$$

目标函数(13.1)是使设置的设施数量最少;约束条件式(13.2)是确保每一个需求节点都会被一个或多个设施覆盖;约束条件式(13.3)是对决策变量的二进制限制。

上述模型假设每个设施的建设成本是相同的,加权集合覆盖选址模型考虑到由于地形的影响，在每个候选位置上建设设施的成本几乎不可能完全相同，因此，模型 13.2 的目标函数不是最小化总设施数目，而是添加建设设施的费用后使总费用最小化。模型如下：

$$\min \sum_{j \in J} c_j x_j \tag{13.4}$$

模型 13.2

$$s.t. \quad \sum_{j \in N(i)} x_j \geq 1, \quad \forall i \in I \tag{13.5}$$

$$x_j \in \{0, 1\}, \quad \forall j \in J \tag{13.6}$$

目标函数（13.4）是最小化建设设施的总费用；如果设施建设费用相同的话那么可以简化为集合覆盖模型的基础模型。

例 13.1：根据例 12.2 给定的节点位置信息，以两点之间的平面距离为各节点距离，分别以 2KM、3KM 和 4KM 为覆盖半径，备选节点选为现有节点，求得最小基数集合覆盖模型选址结果。

解：第一步：录入业务节点与备选节点位置信息，可以直接在命令窗口中录入，也可以通过读写数据的方式录入数据。

第二步：计算各业务节点与备选节点之间的距离，通过距离计算函数可以求得各节点与备选节点之间的距离。

第三步：创建相关 m 文件，并在命令窗口中录入函数名即可获取到相关选址结果。选址结果如图 13-2 所示。

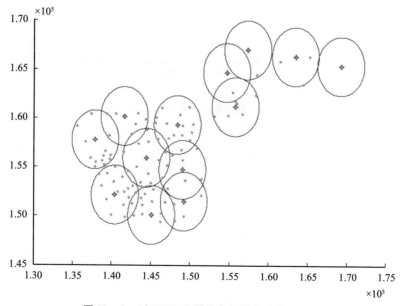

图 13-2　以 3KM 为覆盖半径的选址结果展示

从图 13 – 2 中可以看出，如果以现有节点作为备选中心，则利用集合覆盖选址模型计算出的选址位置仍有众多重复覆盖的节点，因此，其选址效率或位置未必是最优的。

如果在选址区域中进一步增设新的选址位置，其中一种可行的方式是将选址区域等比例地划分为方形区域。例如，在图 13 – 2 的基础之上再增加 70×70 的方形选址备选节点，并剔除不适合作为选址节点的点，则可获得如图 13 – 3 所示的选址结果。通过图 13 – 3 可以观察到，选址数量得到显著性改进的同时，重复覆盖节点的数量也得到了显著性的减少。

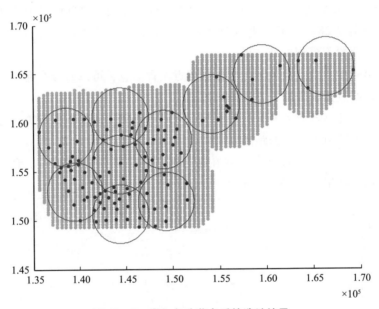

图 13 – 3　增加备选节点后的选址结果

13.4.2　一级节点位置的优化

确定了一级节点的最小个数后，需进一步考虑对一级节点的位置展开新一轮的优化，即在覆盖所有节点的同时实现业务节点之间的加权距离最小化。为此，可以建立如模型 13.3 所示的 0 – 1 规划模型。

$$\min \sum_{i \in I} \sum_{j \in J} w_i d_{ij} z_{ij} \tag{13.7}$$

模型 13.3　　　　$s.\,t.\quad \sum_{j \in N(i)} x_j \geq 1, \ \forall i \in I \tag{13.8}$

$$\sum_{j=1}^{n} x_j = p \tag{13.9}$$

$$z_{ij} \leqslant \sum_{j \in N(i)} x_j, \quad \forall i \in I \tag{13.10}$$

$$x_j \in \{0, 1\}, \quad \forall j \in J \tag{13.11}$$

其中，目标函数式（13.7）是保障业务节点与选址中心的加权总和最小；约束条件式（13.8）确保每个业务节点都被覆盖；约束条件式（13.9）是选定 p 个选址中心；约束条件式（13.10）保障只有覆盖第 i 个节点中的某一个备选中心被选中时才能够覆盖该业务节点。

模型 13.3 是 0 - 1 规划模型，但随着约束条件过多会导致边界数量急剧上升，从而在业务节点和备选节点数量较多的情况下几乎很难在常规时间内用常规电脑无法求解，甚至约束条件的矩阵都将超过计算机默认的设置上限。因此，对于大规模的选址情形需要引入近似求解算法加以求解。下文将引入如模型 13.4 所示的近似求解算法。

$$\min \sum_{j \in J} c_j x_j \tag{13.12}$$

模型 13.4　　　　$s.\,t.$　　$\sum_{j \in N(i)} x_j \geqslant 1, \quad \forall i \in I \tag{13.13}$

$$\sum_{j=1}^{n} x_j = p \tag{13.14}$$

$$x_j \in \{0, 1\}, \quad \forall j \in J \tag{13.15}$$

模型 13.4 是在模型 13.2 基础之上增加了选址数量的约束。选址数量 p 为前面所确定的最少选址个数。而 c_j 可定义为当第 j 个节点被选中时覆盖进来的业务节点与中心的加权距离数据。模型 13.4 之所以成为近似求解模型，是因为某些节点可能同时会被多个中心所覆盖。

图 13 - 4 展示了利用模型 13.4 对一级节点选址位置进行优化后的选址结果示意。

通过上文的优化模型，可以计算如何通过最少的管理中心覆盖所有的业务节点，并尽量靠近核心业务节点。但是，由于存在部分业务量较少的节点与其他业务节点的距离较远，因此导致覆盖效率较低。为此，考虑进一步筛选业务节点，剔除覆盖成本过高或影响整体覆盖效率的业务节点。具体采用的模型为最大覆盖 P - 选址模型，其具体原理是在指定的选址数量下，最大限度地覆盖各业务节点。相关图形如图 13 - 5 所示。

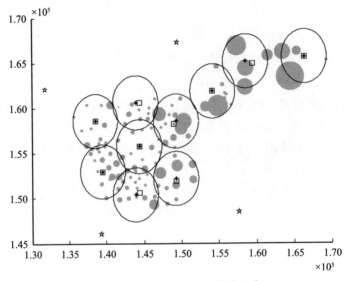

图 13 – 4 调整后的一级节点示意

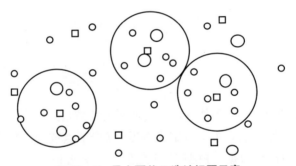

图 13 – 5 最大覆盖 P 选址问题示意

其具体优化模型如模型 13.5 所示。

$$\max \sum_{i \in I} w_i y_i \tag{13.16}$$

模型 13.5 $s.t.$ $$y_i \leqslant \sum_{j \in N(i)} x_j, \quad \forall i \in I \tag{13.17}$$

$$\sum_{j \in J} x_j = p \tag{13.18}$$

$$x_j \in \{0, 1\}, \quad \forall j \in J, \ y_i \in \{0, 1\}, \quad \forall i \in I \tag{13.19}$$

假定备选节点即为业务节点，则利用上述模型对业务节点进行进一步的优化选择后，我们利用 8 个中心就可以覆盖 90% 的业务节点。相关优化图形如图 13 – 6 所示。

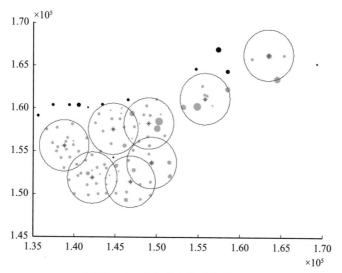

图 13 - 6　业务节点选址优化结果

虽然模型 13.5 使用指定的选址个数最大限度地覆盖了业务节点，但是在实际管理过程中每个管理中心的业务量可能存在上限。而即使没有业务量上限，但为了管理的公平性或便捷性也有必要设定业务量上限，为此可引入如模型 13.6 所示的具有业务量上限的 P - 选址模型。

$$\max \sum_{i \in I} \sum_{j \in N(i)} w_i z_{ij} \tag{13.20}$$

模型 13.6　　　　$s.t.$　　$\sum_{j \in N(i)} z_{ij} \leqslant 1, \ \forall i \in I \tag{13.21}$

$$\sum_{j \in J} x_j = p \tag{13.22}$$

$$\sum_{i \in N(j)} w_i y_{ij} \leqslant U p_j x_j, \ \forall j \in J \tag{13.23}$$

$$x_j \in \{0, 1\}, \ \forall j \in J, \ z_{ij} \in \{0, 1\}, \ \forall i \in I, j \in N(i) \tag{13.24}$$

尽管模型 13.6 在形式上相对简单明了，但在利用 0 - 1 规划进行求解时速度过慢。相比之下，采用如模型 13.7 所示的选址模型时其求解速度得到了显著性的提高。

$$\max \sum_{i \in I} \sum_{j \in N(i)} w_i z_{ij} \tag{13.25}$$

模型 13.7　　　　$s.t.$　　$y_i \leqslant \sum_{j \in N(i)} x_j, \ \forall i \in I \tag{13.26}$

$$\sum_{j \in J} x_j = p \tag{13.27}$$

$$\sum_{j \in N(i)} z_{ij} \leqslant y_i, \ \forall i \in I \tag{13.28}$$

$$\sum_{i \in N(j)} w_i z_{ij} \leqslant U p_j x_j, \quad \forall j \in J \tag{13.29}$$

$$x_j \in \{0, 1\}, \quad \forall j \in J \tag{13.30}$$

$$y_i \in \{0, 1\}, \quad \forall i \in I \tag{13.31}$$

$$z_{ij} \in \{0, 1\}, \quad \forall i \in I, j \in N(i) \tag{13.32}$$

有时为了管理的公平性，也有可能设定业务量的下限，此时只需将模型中的约束上限不等式修改为如下不等式即可。

$$L p_j x_j \leqslant \sum_{i \in N(j)} w_i z_{ij} \leqslant U p_j x_j, \quad \forall j \in J \tag{13.33}$$

如果我们以各节点的发货量为业务量，以平均发货量的 1.5 倍为上限，0.5 倍为下限，则可获得如图 13 - 7 所示的选址结果。该 8 个管理中心所覆盖的业务比例为 90.1%。通过图 13 - 7 可以看出，各节点不是基于临近原则进行指派的。

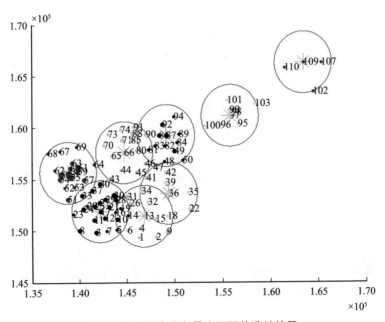

图 13 - 7　具有业务量上下限的选址结果

通过最大覆盖 P - 选址模型选取获得了相应的管理中心，而设定的货运量上下限又进一步能够保障每个中心的覆盖效率与公平性。因此，利用最大覆盖选址模型选址结果作为地下物流网络一级节点是一较为科学的方法。

13.5　二级及以下层级位置的选择

一级节点位置的选择方法更多地从全局角度出发，选取了合适的选址位置。如果进一步考虑各节点的成本回收期，就需要采用更进一步的选址方法。本节将对二级节点的选择问题展开深入分析和讨论。

13.5.1　二级节点的选择

选择二级节点的选择问题所关联的因素较多，其中最为重要的因素包括以下三个方面。

13.5.1.1　交通拥堵状况

建立地下物流运输系统的主要目的是缓解地上交通运输压力，因此，最好选择交通拥堵的区域展开地下物流系统的建设。对于那些交通并不拥堵的区域，仍需考虑该区域的货物是否都将发往交通不拥堵的区域。如果仍然是发往交通拥堵的区域，那么也应考虑是否将货物转运到地下进行运输。

13.5.1.2　货运量

由于地下物流系统建设成本较高，因此当区域内部的货运量较少时，建立地下物流节点显然是不划算的。因此，根据货运量的大小应选择性地建设二级节点，而不能盲目地将交通拥堵区域的节点均建立二级节点。同时，也要考虑造成交通拥堵的原因是由于区域内部货运量过大所导致的还是因转运而导致的。只有综合考虑各种因素，才能够寻找到科学的地下物流系统建设及其运营方案。

13.5.1.3　货物运输距离

有时虽然货物的运输总量并不高，但其加权运输距离较远时占用交通总和较大，因此也应考虑将此类节点放入地下。

由于各二级节点的数量远远超过了大样本 30 的数量，因此可以使用正态分布构造交通拥堵系数的置信区间，通过计算获得：

$$X = 6.7407, \quad \text{tigma} = 1.2946$$

对应 95% 显著性水平下的置信区间为：

$$[X - 1.96\text{tigma}, \ X + 1.96\text{tigma}] = [4.2033, \ 9.2782]$$

因此，该城区的整体交通拥堵状况属于中度拥堵，可以认为交通拥堵状况仅次于重度拥堵，其交通网络急需得到改进。

因交通拥堵状况的现状并不乐观，故综合考虑是否将一个业务节点选择为二级节点，其最主要应考虑的两个因素是货运总量和加权运输距离。

（1）考虑货运总量。

当节点的货运总量达到一定数值后，必须将此节点放入地下，而对于那些货运量较少的节点，考虑将此节点的货物就近运往其他节点并实现转运。那么，货运量究竟达到什么样的水平才考虑将此节点设为二级节点呢？

需计算每个节点的出货总量和入货总量，图13-8展示了各节点的出、入货物总量求和后，进行等比例缩小后的节点。

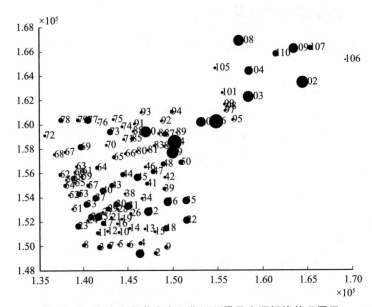

图13-8 各个业务节点出入货运总量及交通拥堵状况展示

如果选定出入货运总量超过3000吨的节点，则选择到的节点有如下15个节点：

1 32 36 45 49 77 84 90 96 100 102 103 104 108 109

（2）考虑加权运输距离（成本回收年限）。

上述方案中仅考虑各节点的出入货运总量的方式是不全面的，我们还需要考虑各个业务的运输距离。通过运输距离和运输总量就可以进一步估算预期收入，从而决定是否将某一业务节点设为二级节点。图13-9展示了货运量乘以相应的运输距离后的各节点加权运输距离。

根据地下物流网络的收费标准和二级节点建设成本估算各业务节点的成本回收年限。根据成本回收年限的长短，决定是否将该节点建设为二级节点。其具体模型如下：

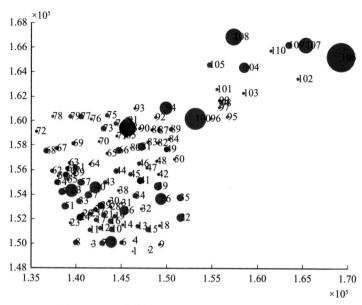

图 13 - 9　业务节点加权运输距离和交通拥堵状况

$$\frac{cb_i}{sr_i} \div 365$$

其中，cb_i 是在第 i 个节点的建设费用，由于尚未清楚管道长度，因此可采用均值来代替管道长度并将所有节点的建设费用设定为同一数值。sr_i 为第 i 个节点的每天收入，可根据各节点与其他节点之间的业务往来矩阵计算获得。根据相关数据及 3KM 的一级节点半径、1.5 倍的道路迂回系数及年 5% 的增长率的约束下，计算获得各节点的成本回收年限表格如表 13 - 1 所示。

表 13 - 1　　　　　　　　各节点成本回收年限

节点编号	回收年限	节点编号	回收年限	节点编号	回收年限
1	5	9	50	17	43
2	4	10	37	18	59
3	5	11	42	19	43
4	7	12	43	20	55
5	26	13	41	21	39
6	40	14	49	22	31
7	39	15	40	23	52
8	40	16	40	24	34

续表

节点编号	回收年限	节点编号	回收年限	节点编号	回收年限
25	51	55	46	85	45
26	30	56	46	86	56
27	41	57	35	87	58
28	53	58	40	88	21
29	34	59	47	89	43
30	64	60	43	90	47
31	55	61	39	91	36
32	51	62	42	92	65
33	38	63	50	93	67
34	38	64	46	94	23
35	33	65	53	95	60
36	26	66	35	96	53
37	35	67	43	97	54
38	51	68	40	98	42
39	31	69	41	99	51
40	26	70	49	100	18
41	35	71	54	101	45
42	57	72	48	102	50
43	41	73	38	103	46
44	38	74	44	104	27
45	45	75	42	105	40
46	45	76	52	106	14
47	49	77	36	107	21
48	49	78	64	108	21
49	38	79	43	109	36
50	50	80	78	110	53
51	34	81	30	111	28
52	34	82	48	112	18
53	24	83	46	113	21
54	37	84	48	114	26

如果选定回收期小于等于 35 年的节点，则在原来基础之上新增的选址节点
有如下 17 个节点：

18　20　22　25　31　33　35　37　47　48　53　62　73　87　105　107　110

各节点的选址位置展示如图 13 – 10 所示。

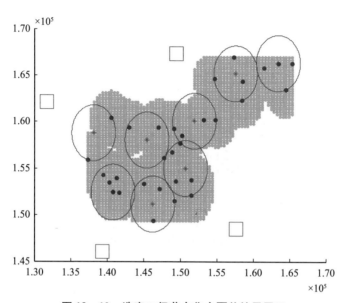

图 13 – 10　选定二级节点集合覆盖结果展示

13.5.2　二级节点位置的优化

通过上一节的分析探讨，确定了应该将哪些节点选择为二级节点，下文将进
一步对选定的二级节点寻找最优的一级节点选址位置。

除了上述选定的二级节点，还应进一步考虑将与选定的一级节点及二级节点
距离较近的节点并入。同时，也可以考虑将距离较近的节点合并为新的二级选址
节点。图 13 – 11 展示了以 1KM 为覆盖半径后的最优合并结果，我们可以选定合
并后业务量较多的节点为新增的二级节点。

图 13 – 12 展示了以 1KM 为半径的对节点进行合并后的相关选址结果。

利用集合覆盖方式新增选址节点的结果并不理想，可以进一步考虑以未被选
定的二级节点中业务量相对较高的节点为中心，吸纳周边其他未被选定的二级节
点，从而构成新的选址位置。

首先，剔除已选定的二级节点及与二级节点之间距离小于 1KM 的其他未被
选定的节点；其次，利用相关算法计算出 3 个新增的二级节点，其最终的优化结

果如图 13 - 13 所示。

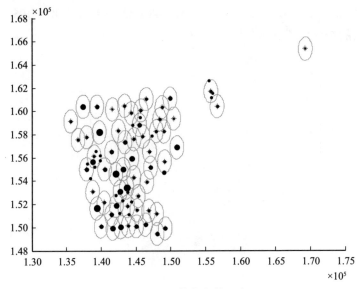

图 13 - 11　节点合并示意

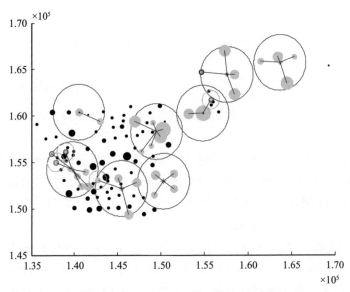

图 13 - 12　利用集合覆盖选定二级节点后的一级节点优化结果

注：未被圆圈覆盖的黑色节点是未被选中的二级节点。

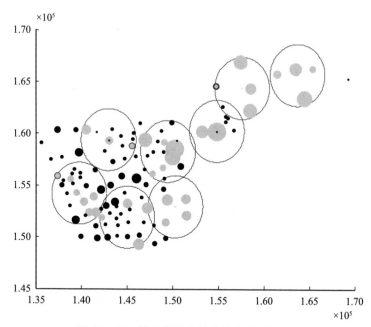

图 13 - 13　基于邻近合并后的选址优化结果

注：未被黑色圆圈覆盖的黑色节点是未被选中的二级节点；被灰色圆圈覆盖的是新增的二级节点。

13.6　一级节点和二级链接方式的优化设计

一级节点选定完毕后需考虑链接一级节点，如果不考虑运输距离和运输总量，仅考虑建设一级管道的建设成本，则一级管道的建设问题将转化为最小生成树问题。通过编写相关的优化算法可获得如图 13 - 14 所示的一级节点链接结果。

如果一级管道具有运输上限的设定并同时考虑运输距离，则需要引进相关理论来链接各一级管道。为此我们引进了以下优化算法。

第一步：链接所有的节点，如图 13 - 15 所示。

第二步：在第一步的基础之上删除两点之间插入第三个节点后构成的角度大于 135 度的线路（此时认为额外增加线路不如通过中转节点实现转运，见图 13 - 16）。

第三步：在第二步的基础上，在保障各节点之间的连通性基础之上进一步删除货运量较少的线路，并将相应货物通过其他节点进行转运。当某条管道的货运量超过其设定的上限时停止删除，届时获得如图 13 - 17 所示的优化结果。

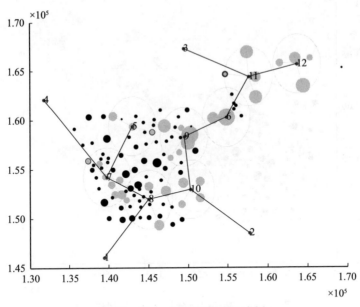

图 13 – 14　一级管道最小生成树

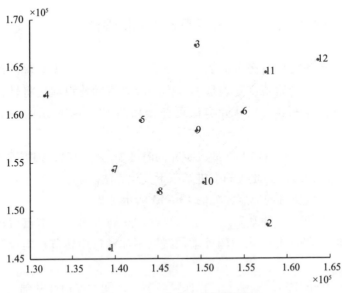

图 13 – 15　各节点全部链接

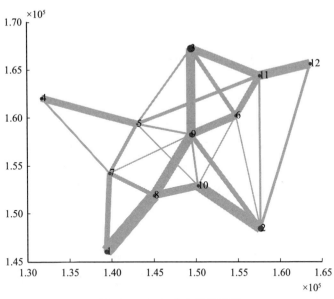

图 13 -16　各节点优化联通

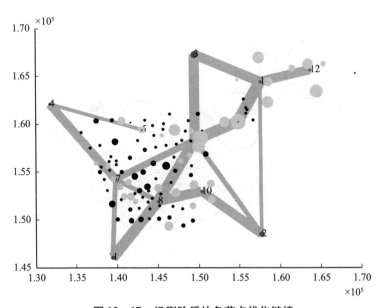

图 13 -17　经删除后的各节点优化链接

二级节点的链接方式与一级节点的链接方式基本原理类似，此处不再进行详细的叙述。

13.7　一级节点建设时间序列的优化设计

13.6 节的研究是从全局角度出发，拟建立的最优节点链接图，然而，在实际管理问题中，不可能一下将所有的线路全部建设完毕。需要逐步建设各条线路。

第一种可行的方法是找到所有两两链接矩阵，并在矩阵中逐一引入增加该条线路后货运量增加最多的线路，直至所有的节点均连入为止。通过相关算法获得如图 13 – 18 所示的线路建设结果。

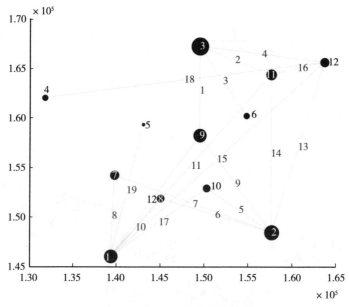

图 13 – 18　一级节点链接时序

注：图中节点之间连线上的数字即为建设时序。

在以上链接过程中，并未考虑已经通过原来的线路实现转运的情况，如果剔除这些节点，则获得如图 13 – 19 所示的建设时序。

虽然图 13 – 19 中的建设时序得到了进一步的优化，但是在将各个节点连入时，未考虑将其链接到与拟链接点具有链接关系的其他节点后，链接距离和效率是否得到显著性的改进。因此，可以延用上节中的链接方式，则可获得如图 13 – 20 所示的优化链接结果。

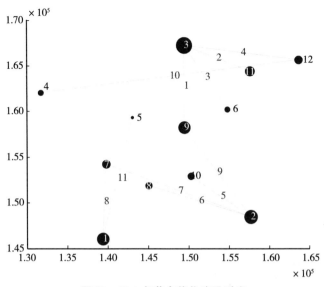

图 13 - 19　各节点优化建设时序

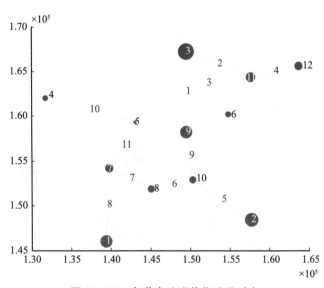

图 13 - 20　各节点改进优化建设时序

图 13 - 21 进一步展示了考虑了各条线路运输量的结果。结果表明，部分线路上的运输量过大，而且线路的抗风险能力不佳，即一条线路损坏后整个运输可能会瘫痪。

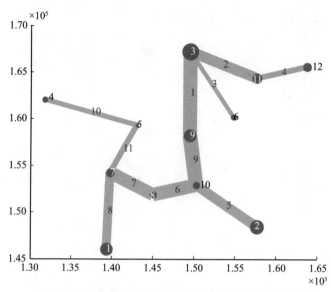

图 13 − 21　考虑各节点运输量后的改进优化建设时序

　　为进一步提高线路的抗风险能力，并缩减运输量较大的各条线路上的流量，考虑再新增线路，其具体迭代理念是引入新的线路后，线路最大运输量得到显著性改进的方法，当所有线路的运输量均小于运输量上限时停止迭代。根据上述理念获得的进一步的新增线路展示，如图 13 − 22 所示。

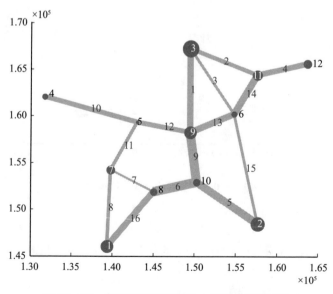

图 13 − 22　新增线路后的改进一级节点建设时序

图 13 -17 和图 13 -22 的相似度较高，且线路总长分别为 140KM 和 121KM。这一结果通过在部分非最短线路上进行运输，可以有效缓解运输总量较多连线上的压力。同时，除 4 号和 10 号线路外的其他线路均有两条边与其链接，因此线路的抗风险能力也较高。

13.8　直线选址理论与算法

通过 13.7 节的分析发现，如果将货运量较大的节点放入地下运输，则至少需要建设 100 多千米的一级管道，按照每千米 5 亿元的价格换算，需要 500 亿元以上的一级管道建设费用。同时，按照现有的业务量进行每年的收入估算，一年内至多有 5 亿元的收入，因此 100 年以后才能够收回成本。即使业务量进一步增加，也会造成管道超负荷而需新增管道，故也不会缩短成本的回收期。因此，如果仅从商业化角度考虑，需要引入更为合理的一级管道建设方案，以缩小地下物流网络的建设成本。

通过货运量 OD 矩阵了解各节点与物流园区之间的业务往来状况，结果表明，在大部分情况下，不同城市的同城业务占比相对较少，可能都达不到整体货运量的 1/4；而与物流园区之间的来往业务总量超过 3/4，即异城业务总量占比依然较高。因此，以物流园区为中心建设地下物流网络是较为科学的方法，业务节点与物流园区的业务往来关系如图 13 -23 所示。

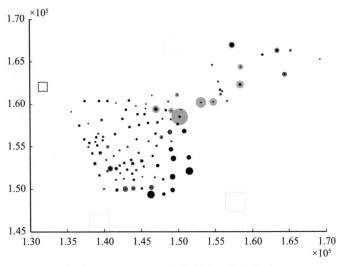

图 13 -23　物流园区与各节点业务往来关系

注：相同灰度的实心圆点代表与物流园区之间存在业务往来信息，实心圆点的大小代表出入业务量的多少。

直线选址理论是指在一条直线上选择若干个点，使得在指定覆盖半径内这些选址节点所覆盖的业务总量是最大的。利用相关理论与算法可获得如图 13 – 24 所示的直线选址结果及其各选址点之间的链接结果，其管道长度为 70KM。

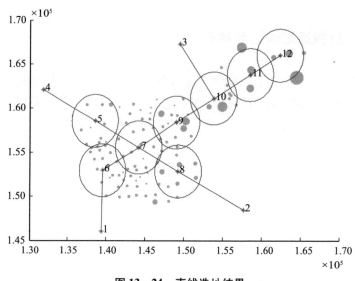

图 13 – 24　直线选址结果

通过图 13 –24 可以看出，直线选址结果存在一定的缺陷，如果允许选址点在直线上进行小幅度的摆动，则在覆盖半径内的节点个数又可以得到进一步的优化。因此，可以进一步建立拟直线选址理论与方法。

地下物流网络的设计与优化方法为我们奠定了建立地下物流网络的基础。其间，引入适合不同规模的选址理论具有较强的推广应用价值。特别是拟直线选址理论的引进进一步推广了选址理论。地下物流网络节点链接方式中所引入的理论与算法在测定交通网络流、优化改进交通网络时具有较强的借鉴意义。这一方法在地下排水系统、交通信息流的优化改进方面都有着较强的应用价值。

本章从宏观和微观两种角度考虑，得出了相关的优化建设结果。该系统性和全面性的理论、算法和应用的深度研究为地下物流网络的早日建成提供了重要的理论支撑。同时，如果能够合理地应用这些方法，进一步对地面交通网络进行优化设定，城区的交通拥堵状况定能够得到明显的改善。与此同时，为了进一步推广地下物流网络的建设理念与方法，可考虑对于不同规模的城市如何建设地下物流网络，如能否对于中小型城市实行人、物公用的地下运输系统等，均有较强的研究价值。

参 考 文 献

［1］毕娅，李文锋．基于约束的集合覆盖选址—分配问题［J］．上海交通大学学报，2013（3）：495 – 499.

［2］陈一村，陈志龙，郭东军，等．地下物流系统对城市道路交通的影响分析［J］．解放军理工大学学报（自然科学版），2018（1）：1 – 6.

［3］崔巍，梁博涵，木仁（通讯作者）．基于多起讫点最大流理论的城市排水系统优化改进策略［J］．内蒙古大学学报（自然科学版），2022，53（5）：468 – 475.

［4］范益群，钱七虎．基于地下集装箱运输的城市地下环境物流系统建设［J］．科技导报，2011，29（7）：5. DOI：10.3981/j. issn. 1000 – 7857. 2011. 07. 004.

［5］符卓，陈斯卫．车辆路径问题的研究现状与发展趋势［C］//中国运筹学会第七届学术交流会论文集（下卷）. 2004. DOI：ConferenceArticle/5aa4853fc 095d72220c99c77.

［6］何黎明. 2014 年我国物流业发展回顾与 2015 年展望［J］．中国流通经济，2015，29（2）：1 – 5. DOI：10.14089/j. cnki. cn11 – 3664/f. 2015. 02. 001.

［7］李兵，郑四发，曹剑东，等．基于路网分层策略的多源点最短距离算法［J］．计算机工程，2008，34（12）：3. DOI：10.3969/j. issn. 1000 – 3428. 2008. 12. 013.

［8］李彤，王众托．大型城市地下物流网络优化布局的模拟植物生长算法［J］．系统工程理论与实践，2013（4）：971 – 980.

［9］李彤，王众托．大型城市地下物流网络优化布局的模拟植物生长算法［J］．系统工程理论与实践，2013，33（4）：10. DOI：10.3969/j. issn. 1000 – 6788. 2013. 04. 019.

［10］刘浩，钱小燕，汪荣．随机需求 VRP 的一个算法［J］．南京工业大学学报（自然科学版），2004，26（5）：3. DOI：10.3969/j. issn. 1671 – 7627. 2004. 05. 003.

［11］龙磊，陈秋双，华彦宁，等．具有同时集送货需求的车辆路径问题的

自适应混合遗传算法 [J]. 计算机集成制造系统，2008，14（3）：9. DOI：CNKI：SUN：JSJJ. 0. 2008 – 03 – 021.

[12] 马保松，汤凤林，曾聪. 发展城市地下管道快捷物流系统的初步构想 [J]. 地下空间，2004，24（1）：5. DOI：10. 3969/j. issn. 1673 – 0836. 2004. 01. 024.

[13] 马成林，杨学春，马超，等. 地下配送中心功能区布局方法研究 [J]. 地下空间与工程学报，2014，10（4）：6. DOI：CNKI：SUN：BASE. 0. 2014 – 04 – 003.

[14] 模型与算法共享学习中心网站，http：//www. modellearn. com.

[15] 木仁，刘亚娟，长青. 基于实际应用的物流配送问题及其 MATLAB 算法 [M]. 长春：吉林大学出版社，2015.

[16] 木仁，张燕，崔巍. 基于实际应用的物流设施选址问题及其 MATLAB 算法 [M]. 北京：经济科学出版社，2015.

[17] 聂小方，田聿新. 新兴的城市地下物流系统 [J]. 综合运输，2003（9）：2. DOI：CNKI：SUN：YSZH. 0. 2003 – 09 – 018.

[18] 裴琦，范益群，唐寿高. 地下环境物流超深垃圾转运节点关键技术问题 [J]. 地下空间与工程学报，2012，8（2）：428 – 433.

[19] 裴琦，范益群，唐寿高. 地下环境物流超深垃圾转运节点关键技术问题 [J]. 地下空间与工程学报，2012，8（2）：6. DOI：10. 3969/j. issn. 1673 – 0836. 2012. 02. 035.

[20] 钱七虎. 建设特大城市地下快速路和地下物流系统：解决中国特大城市交通问题的新思路 [J]. 科技导报，2004（4）：3 – 6.

[21] 钱七虎. 建设特大城市地下快速路和地下物流系统：解决中国特大城市交通问题的新思路 [J]. 科技导报，2004（4）：4. DOI：10. 3321/j. issn：1000 – 7857. 2004. 04. 001.

[22] 全国大学生数学建模竞赛网站，http：//www. mcm. edu. cn.

[23] 全国研究生数学建模竞赛网站，http：//www. shumo. com.

[24] 数学中国网站，http：//www. madio. net.

[25] 宋伟刚，张宏霞，佟玲. 有时间窗约束非满载车辆调度问题的遗传算法 [J]. 系统仿真学报，2005，17（11）：5. DOI：10. 3969/j. issn. 1004 – 731X. 2005. 11. 006.

[26] 吴斌，邵建峰，方叶祥. 基于客户满意度的开放式车辆路径问题研究 [J]. 计算机工程，2009，35（17）：3. DOI：10. 3969/j. issn. 1000 – 3428. 2009. 17. 066.

[27] 武汉：电动汽车充电量恢复 7 成，https：//baijiahao. baidu. com/s？id = 1661588167044882290&wfr = spider&for = pc.

[28] 肖天国，符卓. 基于遗传算法的联合运输路径优化 [J]. 中国科技论文在线，2008 (10)：5. DOI：10. 3969/j. issn. 2095 - 2783. 2008. 10. 004.

[29] 闫文涛，覃燕红. 地下物流节点选址的双层规划模型及算法研究 [J]. 地下空间与工程学报，2016，12 (4)：870 - 874.

[30] 杨涛，杨东援，何永占，等. 新型城市地下货运交通系统 [J]. 国外城市规划，2002 (1)：45 - 46.

[31] 杨宇栋，朗茂祥，胡思继. 有时间窗车辆路径问题的模型及其改进模拟退火算法研究 [J]. 管理工程学报，2006，20 (3)：4. DOI：10. 3969/j. issn. 1004 - 6062. 2006. 03. 022.

[32] 於世为，郭海湘，诸克军. 基于 GA - TS 的开放式车辆路径优化算法及应用 [J]. 系统管理学报，2012，21 (2)：7. DOI：10. 3969/j. issn. 1005 - 2542. 2012. 02. 017.

[33] 曾令慧，周爱莲. 基于遗传算法的城市地下物流网络优化模型 [J]. 交通科学与工程，2016，32 (2)：89 - 93. DOI：10. 16544/j. cnki. cn43 - 1494/u. 2016. 02. 016.

[34] 张建勇，李军，郭耀煌. 具有模糊预约时间的 VRP 混合遗传算法 [J]. 管理科学学报，2005 (3)：8.

[35] 张景玲，赵燕伟，王海燕，等. 多车型动态需求车辆路径问题建模及优化 [J]. 计算机集成制造系统，2010，16 (3)：8. DOI：CNKI：SUN：JSJJ. 0. 2010 - 03 - 014.

[36] 张耀平，王大庆. 城市地下管道物流发展前景及研究内容初探 [J]. 技术经济，2002 (7)：2. DOI：10. 3969/j. issn. 1002 - 980X. 2002. 07. 001.

[37] 赵燕伟，彭典军，张景玲，等. 有能力约束车辆路径问题的量子进化算法 [J]. 系统工程理论与实践，2009 (2)：8. DOI：10. 3321/j. issn：1000 - 6788. 2009. 02. 020.

[38] 周安邦，周爱莲. 城市地下物流节点的选址 [J]. 长沙理工大学学报（自然科学版），2017，14 (3)：48 - 53.

[39] 周婷，周爱莲. 基于时间成本的地下物流配送路线优化模型 [J]. 物流工程与管理，2016，38 (8)：60 - 62，87.

[40] 周婷，周爱莲. 基于时间成本的地下物流配送路线优化模型 [J]. 物流工程与管理，2016，38 (8)：4. DOI：10. 3969/j. issn. 1674 - 4993. 2016. 08. 027.

[41] Almiñana M, Pastor J T. An Adaptation of SH Heuristic to the Location Set Covering Problem [J]. European Journal of Operational Research, 1997, 100 (3): 586 – 593.

[42] Archetti C, Speranza M G, Hertz A. A Tabu Search Algorithm for the Split Delivery Vehicle Routing Problem [J]. Transportation Science, 2006, 40 (1): 64 – 73. DOI: 10. 1287/trsc. 1040. 0103.

[43] Baker B M, Ayechew M A. A Genetic Algorithm for the Vehicle Routing Problem [J]. Computers & Operations Research, 2003, 30 (5): 787 – 800. DOI: 10. 1016/S0305 – 0548 (02) 00051 – 5.

[44] Beasley J E, Chu P C. A Genetic Algorithm for the Set Covering Problem [J]. European Journal of Operational Research, 1996, 94 (2): 392 – 404.

[45] Beasley J E, Jörnsten K. Enhancing an Algorithm for Set Covering Problems [J]. European Journal of Operational Research, 1992, 58 (2): 293 – 300.

[46] Bertsimas D J, Simchi – Levi D. A New Generation of Vehicle Routing Research: Robust Algorithms, Addressing Uncertainty [J]. Operations Research, 1996, 44 (2): 286 – 304.

[47] Bert Vernimmen, Wout Dullaert, Erik Geens, et al. Underground Logistics Systems: A Way to Cope with Growing Internal Container Traffic in the Port of Antwerp? [J]. Transportation Planning & Technology, 2007, 30 (4): 391 – 416.

[48] Blanton Jr. J L, Wainwright R L. Multiple Vehicle Routing with Time and Capacity Constraints Using Genetic Algorithms [C] //Proceedings of the 5th International Conference on Genetic Algorithms, 1993, 452 – 459.

[49] Bodin L. The State of the Art in the Routing and Scheduling of Vehicles and Crews [J]. Computers & Operations Research, Volume 10, Issue 2, 1983.

[50] Christiansen C H, Lysgaard J. A Branch-and-price Algorithm for the Capacitated Vehicle Routing Problem with Stochastic Demands [J]. Operations Research Letters, 2009, 35 (6): 773 – 781. DOI: 10. 1016/j. orl. 2006. 12. 009.

[51] Church R, ReVelle C. The Maximal Covering Location Problem [J]. Papers in Regional Science. 1974, 32 (1): 101 – 18.

[52] Cordeau J F, Berbeglia G, Laporte G. Dynamic Pickup and Delivery Problems [J]. European Journal of Operational Research, 2010, 202 (1): 8 – 15. DOI: 10. 1016/j. ejor. 2009. 04. 024.

[53] Current J, Storbeck J. Capacitated Covering Models [J]. Environment and

Planning B, 1988 (15): 153 – 164.

[54] Dantzig G B, Ramser J H. The Truck Dispatching Problem [J]. Management Science, 1959, 6 (1): 80 – 91. DOI: 10. 1287/mnsc. 6. 1. 80.

[55] Daskin M S, Stern E H. A Hierarchical Objective Set Covering Model for Emergency Medical Service Vehicle Deployment [J]. Transportation Science, 1981, 15 (2): 137 – 152.

[56] Dridi H, Kammarti R, Ksouri M, et al. A Genetic Algorithm for the Multi – Pickup and Delivery Problem with Time Windows [J]. Studies in Informatics & Control, 2009, 18 (2): 173 – 180. DOI: 10. 1243/09596518JSCE627.

[57] Dror M, Trudeau P. Split Delivery Routing [J]. Naval Research Logistics, 1990, 37 (3): 383 – 402. DOI: 10. 1002/nav. 3800370304.

[58] Fisher M L, Kedia P. Optimal solution of Set Covering/Partitioning Problems Using Dual Heuristics [J]. Management Science, 1990, 36 (6): 674 – 688.

[59] Gendreau M, Guertin F, Potvin J Y, et al. Neighborhood Search Heuristics for a Dynamic Vehicle Dispatching Problem with Pick-ups and Deliveries [J]. Transportation Research Part C Emerging Technologies, 2006, 14 (3): 157 – 174. DOI: 10. 1016/j. trc. 2006. 03. 002.

[60] Gendreau M, Hertz A, Laporte G, et al. A Generalized Insertion Heuristic for the Traveling Salesman Problem with Time Windows [J]. Operations Research, 1998, 43 (3): 330 – 335. DOI: 10. 1287/opre. 46. 3. 330.

[61] Golden B, Assad A. Vehicle Routing: Methods and Studies [J]. Studies in Management Science and Systems, 1988, v16.

[62] Golden B L, Gheysens F, Assad A A. A Comparison of Techniques for Solving the Fleet Size and Mix Vehicle Routing Problem [J]. OR Spectrum, 1984.

[63] Grossman T, Wool A. Computational Experience with Approximation Algorithms for the Set Covering Problem [J]. European Journal of Operational Research, 1997, 101 (1): 81 – 92.

[64] Henry Liu (著), 崔建强, 郭东军 (译), 等. 纽约市地下物流可行性研究及对世界其他主要城市的启示 [J]. 现代交通技术, 2008, 5 (4): 7. DOI: 10. 3969/j. issn. 1672 – 9889. 2008. 04. 023.

[65] Hwang H S. A Stochastic Set-covering Location Model for Both Ameliorating and Deteriorating Items [J]. Computers & Industrial Engineering, 2004, 46 (2): 313 – 319.

[66] Letchford A N, Lysgaard J, Eglese R W. A Branch-and-cut Algorithm for the Capacitated Open Vehicle Routing Problem [J]. Journal of the Operational Research Society, 2007, 58 (12): 1642 – 1651. DOI: 10. 1057/palgrave. jors. 2602345.

[67] Minieka E. The M – center Problem [J]. Siam Review, 1970, 12 (1): 138 – 139.

[68] Moore G C, ReVelle C. The Hierarchical Service Location Problem [J]. Management Science, 1982, 28 (7): 775 – 780.

[69] Muren, Chang Liu, Wei Cui, et al. Special Relationship among Decision Making Units Based on Partially Ordered Set and New Evaluation and Projection Methods [J]. Journal of Systems Science and Systems Engineering, 2022, 31 (2): 226 – 246.

[70] Muren, Hao Li, Samar K. M. , Wu Jian-jun. Balanced Maximal Covering Location Problem and Its Application in Bike-sharing [J]. International Journal of Production Economics, 2020 (223): 107513.

[71] Muren, Jianjun Wu, et al. Mixed Steepest Descent Algorithm for the Traveling Salesman Problem and Application in Air Logistics [J]. Transportation Research Part E – Logistics and Transportation Review, 2019 (126): 87 – 102.

[72] Muren, Ziwei Fan, Jianjun Wu, et al. Design and Optimization of Underground Logistics Transportation Networks [J]. IEEE Access, 2019 (7): 83384 – 83395.

[73] Pirkul H, Schilling D A. The Maximal Covering Location Problem with Capacities on Total Workload [J]. Management Science, 1991, 37 (2): 233 – 248. DOI: 10. 1287/mnsc. 37. 2. 233.

[74] Plane D R, Hendrick T E. Mathematical Programming and the Location of Fire Companies for the Denver Fire Department [J]. Operations Research, 1977, 25 (4): 563 – 578.

[75] Potvin J Y, Bengio S. The Vehicle Routing Problem with Time Windows – Part II: Genetic Search [J]. Informs Journal on Computing, 1996, 8 (2). DOI: 10. 1287/ijoc. 8. 2. 165.

[76] Powell W B, Jaillet P, Odoni A. Stochastic and Dynamic Networks and Routing [J]. Handbooks in Operations Research and Management Science, 1995 (8): 141 – 295.

[77] Roth R. Computer Solutions to Minimum – Cover Problems [J]. Operations

Research, 1969, 17 (3): 455 – 465.

[78] Schrage L. Formulation and Structure of More Complex/Realistic Routing and Scheduling Problems [J]. Networks, 1981, 11 (2): 229 – 232.

[79] Tan K C, Chew Y H, Lee L H. A Hybrid Multiobjective Evolutionary Algorithm for Solving Vehicle Routing Problem with Time Windows [J]. Computational Optimization & Applications, 2006, 34 (1): 115 – 151. DOI: 10. 1007/s10589 – 005 – 3070 – 3.

[80] Tatarakis A, Tsirimpas P, Minis I, et al. Single Vehicle Routing with a Predefined Customer Sequence and Multiple Depot Returns [J]. European Journal of Operational Research, 2008, 187 (2): 483 – 495. DOI: 10. 1016/j. ejor. 2007. 03. 017.

[81] Thangiah S. Vehicle Routing with Time Windows Using Genetic Algorithms [J]. Application Handbook of Genetic Algorithms New Frontiers, 1991. DOI: 10. 1201/9781420050073. ch11.

[82] Toregas C, Swain R, ReVelle C, et al. The Location of Emergency Service Facilities [J]. Operations Research, 1971, 19 (6): 1363 – 1373.

[83] Toth P, Vigo D. Models, Relaxations and Exact Approaches for the Capacitated Vehicle Routing Problem [J]. Discrete Applied Mathematics, 2002, 123 (1 – 3): 487 – 512. DOI: 10. 1016/S0166 – 218X (01) 00351 – 1.

[84] Van Binsbergen A, Bovy P. Underground urban goods distribution networks [J]. Innovation: The European Journal of Social Science Research, 2000, 13 (1): 111 – 128.

[85] Yin P, Mu L. Modular Capacitated Maximal Covering Location Problem for the Optimal Siting of Emergency Vehicles [J]. Applied Geography, 2012, 34 (none): 247 – 254. DOI: 10. 1016/j. apgeog. 2011. 11. 013.